business | 企业管理

劳动法律师团研究系列丛书

LABOR RELATION MANAGEMENT
IN GROUP ENTERPRISES

# 集团型企业劳动关系管理

陆敬波◎主编

中信出版社
北京

图书在版编目（CIP）数据

集团型企业劳动关系管理/陆敬波主编．—北京：中信出版社，2012.8
ISBN 978-7-5086-2202-6

Ⅰ.①集…　Ⅱ.①陆…　Ⅲ.①企业集团-劳动关系-管理-研究-中国
Ⅳ.①F279.244

中国版本图书馆 CIP 数据核字（2012）第 143196 号

集团型企业劳动关系管理
JITUANXING QIYE LAODONG GUANXI GUANLI

主　　编：陆敬波
策划推广：中信出版社（China CITIC Press）
出版发行：中信出版集团股份有限公司（北京市朝阳区惠新东街甲4号富盛大厦2座　邮编　100029）
（CITIC Publishing Group）
经 销 者：中信联合发行有限责任公司
承 印 者：北京诚信伟业印刷有限公司
开　　本：880mm×1230mm　1/32　　印　　张：10.5　　字　　数：175 千字
版　　次：2012 年 8 月第 1 版　　印　　次：2012 年 8 月第 1 次印刷
广告经营许可证：京朝工商广字第 8087 号
书　　号：ISBN 978-7-5086-2202-6/F·2664
定　　价：30.00 元

《集团型企业劳动关系管理》

# 编写人员名单

**主　编：**陆敬波

**撰稿人：**江三角律师事务所集团劳动关系课题组

**成　员：**（按姓氏笔画排序）

白丽娟　刘丽珍　刘　璐　孙　琳　张　苗

李　燕　汪凌艳　陆敬波　屈晓蓉　庞娟娟

罗　欣　徐梦云　徐　游　崔亚娜　崔志华

彭振华

# 序言

Labor Relation Management in Group Enterprises

一向被视为管理正规、制度严谨、劳动关系平稳的大型企业、集团型企业，近年来，其劳动关系管理中存在的诸多问题开始浮出水面，并引起社会的广泛关注。由跳槽、裁员、工伤、减薪、员工流动、劳务派遣等引起的劳动争议案件不断上升。

集团型企业劳动关系的复杂性，以及我国相关劳动立法中各地的差异性，导致了这类企业在员工关系管理上面临着巨大的挑战。

目前，在集团型企业跨区域劳动关系管理方面，我国尚缺乏针对性的立法、司法解释及政策规定。这些问题的存在又进一步导致在司法实践中，无据可依或少据可依，不利于集团型企业跨区域劳动关系管理问题的解决。

值得欣慰的是，由中国劳动关系专业委员会常务理事、上海江三角律师事务所主任陆敬波主持编写的《集团型企业劳动关系管理》一书出版了，这是我看到的国内系统论述集团型企业劳动关系的鲜有论著。该书对集团型企业跨区域劳动关系管理中的诸多法律问题，作了细致的梳理和深度的思考。

党和政府对劳动关系问题历来高度重视，近些年来各级党委和政府把构建和谐劳动关系摆到更加突出的位置。今年8月16日，习近平副主席在全国构建和谐劳动关系先进表彰暨经验交流会上要求："要从不同类型企业的实际出发，把构建和谐劳动关系必须遵循的总的共同要求与具体的具有差异性的措施结合起来，统筹兼顾、分类指导，既整体推进，又突出重点、突破难点。"

一直以来，对构建和谐劳动关系的关注，我们更多地集中在中小企业以及劳动密集型企业，但是，在重视中小企业劳动关系的同时，也不应该忽视大型企业，尤其是集团型企业的劳动关系管理问题。

集团型企业在国民经济的各个领域都发挥着极其重要的作用，加强对集团型企业劳动关系管理方面的研究，不仅有利于这类企业自身的发展和对劳动者权益的保护，也是构建和谐社会的重要组成部分。但遗憾的是，目前我们在这方面的研究还很不够，这显然与其地位极不相称。我和陆敬波律师曾探讨过这个问题，对此都深有同感。

今年初，他告诉我，他带领他的江三角律师事务所劳动法律师团队，深入到多家集团型企业进行了调研，并通过发放调查问卷的形式，广泛收集了企业劳动关系管理中遇到的和亟待解决的问题。调查的对象有国有企业、外商投资企业、上市公司，涉及的行业也相当广泛，包括医药、物流、制造、IT、金融、投资等。

现在，我们欣喜地看到，江三角的律师们将他们的研究成果拿出来与我们分享。他们以律师特有的视角，在我国现行劳动法律框架下，对集团型企业人力资源的合规管理以及构建和谐劳动关系给出了有针对性的建议和指导。

集团型企业劳动关系管理还有很多尚待研究解决的问题，江三角律师事务所本次研究成果的结集出版只是一个开始，希望有更多的理论和实务界的专家们能投入到这一有价值的课题研究中来，共同为构建和谐劳动关系作出积极贡献。

中国劳动保障科学研究院院长

田小宝

# 前言

Labor Relation Management in Group Enterprises

随着我国经济的高速发展，“集团”一词在企业界经历了新兴、时兴和常用三个阶段，目前显然处于常用阶段，因已司空见惯。“集团”的共同特征很明显：一是多主体，一两家企业成不了集团，当前成员企业有几百家的集团不在少数；二是跨区域，除少数集团其成员企业都在同一区域外，绝大多数集团其成员企业均分布在各地而形成跨区域特征；三是关联性，各成员企业之间若无关联则无所谓集团，相互间存在的股权或控制管理等“血缘”或“婚姻”关系才使其成为“一家人”；四是上规模，达不到法定的规模，即便具备了前面三项特征，仍不属于真正意义上的集团。

正是这些特征使得集团区别于一般的企业，并受到了法律的一些特殊“关照”，比如工商登记管理方面，再比如关联交易的税收管理方面，特别是后者，相关的法律规范林林总总，其“财”和“物”的管理受重视程度可见一斑。但与此不相匹配的是，集团的“人”的管理方面的专门法律规制和调整却几近空白。

其实，集团的“人”的管理问题同样具有特殊性，较为突出的不限于以下几点：其一，人员流动频繁且形式多样，这是由集团的关联性特征决定的，无论是基于主动性的集团内部的人才优化配置，还是基于相对被动性的集团内部的“关、停、并、转”引起的员工安置，集团内的“人”的流动更加频繁，同时流动形式也更加多样，调动、借调、兼职、派遣等各种形式一应俱全；其二，用工关系不清主体模糊，由于人员在集团内多主体间的频繁和多样性流动，加之我国当前相关劳动立法对于劳动关系的认定规则不清，导致集团内人员流动后究竟与哪个成员企业存在劳动关系，也即其用工主体究竟是谁模糊不清，而这一基础问题的模糊进而导致了诸多问题不清不楚，比如工龄的计算、社保的缴纳、合同的签订和解除等，实践中大量劳动争议即因此产生；其三，法规适用凌乱无法统一，集团既然是“一家人”，内部员工管理就自然具有“一致性”的要求，但这种“一致性”的要求在现实面前却无法得到满足，因为现实是我国的劳动立法和执法区域割裂且差异显著，比如社保、工资、休假、商业秘密保护、劳动合同的解除和终止等劳动立法的方方面面各地均有不同，甚至截然相反，我国劳动立法和执法的这一重大特点加之法律本身即具有的“刚性”的特征，使得集团不得已放弃大部分“一致性”的要求，而代之以各成员企业“入乡随俗”，于是就出现了让集团当前颇为头痛却又难以改变的现象，即“同一屋檐下，规则各不同”。

集团的“人”的管理问题的特殊性远不止上述三点，那么究竟有多少的特殊性呢？这本身就是个不小的课题，但当前对于此课题的研究可谓乏善可陈，或许正是由于研究的匮乏导致了相关专门法律规制和调整的缺位。但无论有没有研究，也无论有没有专门的法律规制和调整，这些特殊性都是客观存在的，只是区别在于：若有充分的研究和专门的法律规制和调整，则这些客观存在不会给集团管理造成麻烦，或造成的麻烦较小；反之，则会让集团不胜其烦，而这恰恰是当前的现实。

这种现实需要改变。这已经不仅仅是各集团的共识，而且是各集团一致的、不断高涨的呼声。立法不可能说有就有，但相关的研究可以先行，这些研究一方面可以为今后的立法做好铺垫和支撑，另一方面还可以在尚无相关专门立法的情况下为相关司法和执法部门提供参考，其还有另外一项重要价值，即可为各集团在当前进行相关管理工作时释疑解惑，支招给力，化解风险。

基于这一共识和使命感，江三角的多位长期为集团提供劳动法律服务的资深律师，决定奉献出自己多年来积累的宝贵经验和研究所得。研究中，他们首先是进行了大量、细致的问卷和走访调研，受调研集团近300家，所调研问题达120个有余；其次是做了大量真实案例的研析和归纳；再次是针对全国各主要地区的劳动立法的异同进行了分类对比；最后是借力理论界的专家对理论方面的内容进行了把关和指导。

以上所列的调研成果、案例研析归纳成果、各地劳动立法对比成果以及对理论内容的把关和指导成果，经分门别类并汇集成册而成本书。因此，本书是实实在在的集体智慧的结晶，同时本书的独特优势体现在其两大特点中：第一是系统性，本书第一次系统、全面地对集团跨区域劳动关系管理的法律问题进行了深入细致的研究，形成了体系，而以往相关的研究几近空白，即使有，也多是零散而不成体系；第二是实用性，“理论与实务相结合，更加突出实务”，这是几位作者自研究之初即确定的原则，所谓实务，主要是指为相关司法和执法部门，尤其是集团的实际工作提供资料、观点、意见、建议和方案等。

本书是几位作者研究成果的汇集，但并非相关研究的结束，配合本书的诞生，更高层次、更富深度、更多专业人士参与的研讨会和论坛将要举办，更多更优秀的研究成果也将逐步展现，我们衷心希望作为读者的您一同参与进来，因为您的意见和建议对我们而言至关重要！

陆敬波于2012年5月

## 专题篇

## 工具篇

# 专题篇

# Labor Relation Management in Group Enterprises

# 专题一：劳动关系确认

一、案例呈现

二、劳动关系的概念

三、劳动关系的确认及其运用

四、小结&律师建议

劳动关系的确认，直接关系到用人单位和劳动者的各项权益的实现。因为，劳动领域的法律法规及地方规范性文件，对劳动者和用人单位的相关权利义务规范的前提，是双方之间存在合法有效的劳动关系。例如：《工会法》、《劳动保障监察条例》、《工伤保险条例》、《劳动合同法》和《社会保险法》等，都对劳动关系的成立及劳动者和用人单位的权利、义务等作了不同程度的规定。可以说，劳动关系的确认，是确定劳资双方权利义务的基石，也是用人单位进行人事管理的起点和终点。

## 一、案例呈现

### （一）基本案情

北京市 WG 科技有限公司（以下简称“北京 WG 公司”）旗下有全资子公司——WG 咨询服务公司（以下简称“WG 咨询公司”）和若干分公司。其中一家分公司为 WG 上海分公司（以下简称“上海分公司”）。此外，北京 WG 公司的股东之一张女士，开设了一家 HF 劳务派遣公司（以下简称“HF 劳务公司”）。

北京WG公司于2009年年初决定让员工李某担任上海分公司经理。2009年11月27日，北京WG公司发给李某《劳动关系终止解除通知书》，该《解除通知书》称："因为上海分公司业务调整，原劳动关系已无法存续和履行。双方协商变更未果，故现单方解除。"

李某收到该通知后，立即与北京WG公司沟通，详细说明其在公司的贡献及个人立场，此后双方达成如下意见：北京WG公司撤销该《劳动关系终止解除通知书》；李某与HF劳务公司订立劳动合同，合同约定派遣李某至WG咨询公司工作，岗位及待遇由北京WG公司负责处理。实际上，李某在北京WG公司从事销售管理工作。2010年3月，北京WG公司以李某严重违反单位的规章制度为由，发出《劳动关系终止解除通知书》辞退李某，李某不服遂申请劳动仲裁，要求发放违法解除劳动合同的经济赔偿金，并补发未足额发放的提成工资等。

### （二）争议焦点

本案中，李某涉及在多家关联公司之间调动，其劳动关系的认定，需厘清以下问题：

1. 李某究竟是与哪家单位建立了法律上的劳动关系？

2. "严重违反单位的规章制度"中所指的"规章制度"，应以哪家单位为准？

3. 李某的薪酬计算，应依据哪家公司的薪酬制度？

### （三）案件简析

上述案件是国内集团型企业中较为常见的一种用人/用工现象，即订立合同的是一个独立的法人，实际用工的是另一个独立的法人，而工资福利及社保费用的缴纳可能又是另外一家关联企业（一般也具有独立法人资格）。这种用工模式，若在履行中没有发生争议，那么可能仅仅影响集团型企业内部管理的效率。一旦形成劳动争议案件，问题就会接踵而来：该争议应当由哪个法人处理，适用哪家的劳动纪律、规章制度，薪酬或业绩考核应当由谁负责等。而回答前述诸多问题的关键，是要厘清劳动者劳动关系的归属，即企业人力资源管理中的核心问题——劳动关系的确认。

从以上案件的分析中可以看出，劳动关系的确认在劳资纠纷的处理中具有基础性意义，尤其是在关联性企业间发生的种种错综复杂的劳资纠纷中。因此，本章将通过对劳动关系的概念、劳动关系的确认等进行阐述，来对前述案例引申出来的问题，逐一作出解答或提示。

## 二、劳动关系的概念

### （一）劳动关系的定义

劳动关系是指劳动者与用人单位（包括各类企业、个体工商户、事业单位等）在实现劳动过程中建立的社会经济关系。

从广义上讲，生活在城市和农村的任何劳动者与任何性质的用人单位之间因从事劳动而结成的社会关系，都属于劳动关系的范畴。从狭义上讲，现实经济生活中的劳动关系是指依照国家劳动法律法规规范的劳动法律关系，即双方当事人是被一定的劳动法律规范所规定和确认的权利和义务联系在一起的，其权利和义务的实现，是由国家强制力来保障的。劳动法律关系的一方（劳动者）必须加入某一个用人单位，成为该单位的一员，并参加单位的生产劳动，遵守单位内部的劳动规则；而另一方（用人单位）则必须按照劳动者的劳动数量或质量给付其报酬，提供工作条件，并不断改进劳动者的物质文化生活。①

### （二）与其他法律关系的区别

在日常生活中，劳动关系常与劳务、劳务派遣、委托代理等法律关系混淆。因此，要准确把握劳动关系的内涵，还需要与这些法律关系作一个必要的区分与比较。

#### 1. 与劳务关系的区别②

劳务关系是指两个或两个以上的平等主体之间，就劳务事项进行等价交换过程中形成的一种经济关系。③ 劳动关系与劳

---

① 参见：人力资源与社会保障部官方网站：http：//www. molss. gov. cn/gb/ywzn/2005－12/02/content_ 95266. htm，于2011年1月24日最后访问。

② 参见：杨德敏．论劳动关系与劳务关系．河北法学，2005（7）

③ 参见：百度文库：http：//wenku. baidu. com/view/80cb95c65fbfc77da269b122. html，于2011年2月1日最后访问。

务关系的区别及联系主要体现在以下 4 个方面：

（1）主体上的区别

从主体上来看，主要存在以下区别：一是主体资格不同。在劳动关系的主体中，必须有一方是法人或组织，即法律上规定的用人单位，另一方则是劳动者个人，也就是说，劳动关系的主体不能同时是普通自然人；[①] 在劳务关系的主体中，双方当事人可以同时是法人、组织、自然人，也可以是公民与法人、组织。此外，劳动关系中，劳动者一般必须是 16 周岁以上没有完全丧失劳动能力的自然人。劳务关系中的被雇用主体一方比较宽泛，只须具备民事行为能力即可。二是主体间的关系不同。劳动关系的双方主体间不仅存在财产关系，还存在着特定的人身关系，即存在一定的行政隶属关系。劳动者除提供劳动之外，还要受用人单位的管理，服从其安排，遵守其规章制度等，成为用人单位的内部职工。劳务关系的双方主体之间只存在平等的财产关系，彼此之间并不存在人身上的从属性，也不存在行政隶属关系，被雇用人提供劳务服务，雇主支付其劳务报酬，双方各自独立、地位平等。三是主体的待遇不同。劳动关系中的劳动者除获得工资报酬外，还依法享有社会保险、福利待遇、休息休假、劳动安全卫生等方面的权利。劳务关系中的被雇用人，一般只获得劳务报酬。劳务关系中的劳务价格是按等价有偿的市场原则支付，完全由双方当事人协商确定，而劳动合同

① 个体工商户除外（个体工商户是否为组织，均不能等同于自然人）。

中薪酬的确定除了双方协商外，还可以依据用人单位与劳动者之间订立的集体合同确定，同时必须满足国家有关各地最低工资标准的规定。

（2）内容上的区别

从内容上来看，二者的区别如下：一是雇主的义务不尽相同。劳动关系的履行贯穿着国家的干预。为了保护劳动者，《劳动法》、《劳动合同法》等劳动法律法规给用人单位强制性地规定了许多义务，如必须为劳动者依法办理养老保险等社会保险、用人单位支付劳动者工资不得低于政府规定的当地最低工资标准等，这些必须履行的法定义务，不得协商变通。劳务关系中的雇主一般没有上述义务。二是合同内容的任意性程度不同。劳动关系中的劳动合同主要条款由法律明确规定，不能由当事人协商，如用人单位要为劳动者提供符合国家规定的劳动条件和劳动保护用品等。但劳务关系中的劳务合同可由合同双方当事人在不违背法律和行政法规强制性、禁止性规定的情况下自由协商，任意性较强。

（3）法律适用及法律责任承担上的区别

从法律适用及法律责任的承担上来看，劳动关系的调整主要适用《劳动法》、《劳动合同法》等劳动法律规范，而劳务关系一般由民事法律规范调整，如《民法通则》等；从违反合同规定时应承担的法律责任来看，违反劳务合同的规定，一般只需要承担相应的民事责任即可，如违约责任或侵权责任等，而违反劳动合同的规定所产生的责任不仅有民事上的责任，而且还有行政上的责任，如用人单位支付劳动者的工资低于当地的最低工资标准，劳动行政部门责令用人单位限期补足低于标准部分的工资，拒绝支付的，劳动行政部门同时还可以给用人单位警告等行政处分。

（4）争议解决机制上的区别

从争议解决的方式上看，劳动关系纠纷和劳务关系纠纷都可以通过诉讼的方式加以解决。不同之处在于，劳动关系纠纷发生后，应先到劳动机关的劳动仲裁委员会申请仲裁，对仲裁裁决不服的，在法定期限内可以到人民法院起诉，劳动仲裁是提起诉讼的前置程序；而劳务关系纠纷的解决不适用劳动争议解决机制，不需要经过劳动仲裁即可直接到法院起诉。

2. 与劳务派遣关系的区别

劳务派遣，又称人才租赁或劳动力租赁，一般是指由劳务派遣机构与被派遣劳动者订立劳动合同，由被派遣劳动者向有需求的企业（用工单位）提供劳务，劳动合同关系存在于劳务派遣机构与被派遣劳动者之间，但劳务给付的事实则发生于被派遣劳动者与用工单位之间。劳务派遣这种用工模式，具有成本较低、管理便捷、纠纷较少等特点，在关联性企业、国有企业及事业单位中被大量使用。

劳务派遣与一般的劳动合同关系不同，其同时存在三方主体，即被派遣劳动者、劳务派遣机构与用工单位，三者间存在多重关系。其中，被派遣劳动者与劳务派遣机构之间为劳动关系，与用工单位的关系则不是劳动关系，但用工单位仍需要根据《劳动法》、《劳动合同法》的相关规定依法保护被派遣劳动者的合法权益。《劳动合同法》第九十二条明确规定，劳务派遣单位违反本法规定的，给被派遣劳动者造成损害的，劳务派遣单位与用工单位承担连带赔偿责任。集团型企业在使用劳务派遣用工方式时，应注意以下3个方面：

（1）劳务派遣岗位的设立应符合一定的要求

劳务派遣的岗位，应当是临时性、辅助性或者替代性的工作岗位，现实中部分用人单位基于便利或者规避无固定期限合同等因素的考虑，而大量使用被劳务派遣的劳动者。以上海市为例，当前上海劳务派遣用工市场呈现三方面特征：其一，行业分布广。劳务派遣工几乎遍布各行各业，包括各类企业和学校、医院和事业单位，涉及的职业、岗位门类齐全，甚至一些党政机关及其所属的事业单位也在大批量使用劳务派遣工。为了降低用工成本，不少用工单位采取能用劳务派遣工就尽量不用劳动合同工的策略。其二，人员范围大。对劳务派遣工的使用几乎不分户籍，不分年龄，不分文化程度，不分技能素质，甚至许多刚刚走出大学校门的大学生也被纳入劳务派遣工的行列。其三，劳务派遣人员数占企业用工总数比例逐年升高。据调查，2003年劳务派遣工占企业全部用工人数的28.3%，2006年上升至33.8%，2007年达到38.3%，2008年年初达到39.7%，最近两年仍呈上升趋势。从目前行业类型来看，制造业比例最高，占43.6%；从所有制类型来看，国有企业最高，占47.2%，个别企业甚至高达90%。[①] 该种做法既不符合《劳动合同法》立法的精神，也不利于企业劳动关系的稳定和发展。

（2）用人单位不得设立劳务派遣单位向本单位或者所属单位派遣劳动者

前述案例中，尽管北京WG公司不是直接设立HF劳务公司，但是HF劳务公司的股东也是北京WG公司的股东之一，北京WG公司和HF劳务公司存在一定的关联关系。若从《劳动合同法》中对劳务派遣机构严格限制的角度理解，HF劳务公司向北京WG公司、WG咨询公司派遣劳动者有违反《劳动合同法》之嫌。

（3）连带责任的承担

《劳动合同法》第九十二条规定，劳务派遣单位违反本法规定的，给被派遣劳动者造成损害的，劳务派遣单位与用工单位承担连带赔偿责任。

3. 与委托关系的区别

委托合同，是受托人以委托人名义和费用办理委托事务的协议，常见的委托有保险代理、承揽、上门定做加工等。劳动关系和委托关系的区别，可以概括为如下3个方面：

（1）建立法律关系的目的不同

建立劳动关系的目的在于，提供劳动以满足用人单位的需

---

① 详见：新浪网：http：//news. sina. com. cn/c/2011 - 01 - 18/075821832415. shtml（新浪网转载《中国青年报》），于2011年2月20日最后访问。

求，而建立委托关系的目的是委托人期望受托人完成一定的工作成果，虽然也涉及受托人付出一定的劳动，但其核心目标不在于提供劳动。

（2）是否获得报酬以及报酬的支付方式等不同

在劳动关系中，只要劳动者提供了劳动，其就有权利获得劳动报酬，且劳动报酬的支付金额和周期等均有明确的法律规定；而在委托合同中，受托人能否取得报酬主要看双方是否有相应的约定，合同可以为有偿合同也可以为无偿合同，报酬的数额与方式由双方自主协商，国家不作强制性干预。

（3）是否具备身份的从属性不同

劳动关系要求劳动者遵守单位的规章制度，具有一定的人身属性；而委托合同的双方，是相互独立且平等的主体。

## 三、劳动关系的确认及其运用

在企业日常的人力资源管理中，劳动关系被确认之后，可以秉持“谁招、谁用、谁负责”的原则，厘清集团型企业内部彼此之间的权利与义务关系。这样，一来可以避免员工出现“姥姥不疼、舅舅不爱”的局面，二来也避免了员工面对多重管理时无所适从的现象。在发生劳动争议时，与劳动者建立劳动关系的主体是谁，直接决定着当劳动者向人民法院提起诉讼时，应由谁应诉并组织证据，以及若案件败诉，应由谁承担相应的后果等。

劳动关系的管理，应以集团型企业内部劳动关系的确认为起点。集团型企业应根据自身的实际情况，如人力成本、管理能力等，确定劳动关系的归属；在劳动关系归属确定之后，应以此为核心展开人力资源管理过程中的各项活动——招聘、合同签订、绩效考核等，从而确定集团内部各单位的权责。

### （一）招聘的管理

招聘也称“招人”、“招新”。就字面意思而言，是指某主体为实现或完成某个目标或任务而进行的择人活动。集团型企业由于规模大、在行业间或地域间分布广、人员流动数量大，以及自身业务的不断扩展等多重因素，定期补充新人成为其发展过程中不可或缺的需求。为了发挥规模效应的作用及提高效率，集团型企业往往在招聘的时候，采用组团的方式前往招聘会现场或者校园大量招人。组团招聘中容易产生的问题有：求职者在投递简历时往往缺乏针对性，或者对意向工作地点及工作岗位、薪资待遇等内容缺乏与用人单位的充分沟通，这既浪费了求职者的时间和精力，用人单位也无法对求职者进行充分而有针对性的筛选。

集团型企业在招聘时，应当首先在集团内部明确招聘组织方，然后针对具体职位向求职者作详细介绍和说明，其次是根据各用人单位要求对应聘候选人进行筛选，在拟录用人选确定后，向应聘人员发放录取通知（OFFER）。需注意的是，录取通知的发出主体必须与先前确定的招聘组织方一致。总之，宜讲、招聘广告/简章、面试、录取通知、签订劳动合同的对外主体必须一致，这样既保证了集团型企业在人力资源管理上的统一性和规范性，也有效保障了求职者的知情权和选择权，从而有利于实现职场供求双向选择的高效率。

### （二）劳动合同的签订

劳动合同是劳动者与用人单位之间确立劳动关系、明确双方权利和义务的协议。作为明确双方权利和义务最为核心的协议，《劳动法》和《劳动合同法》都明确要求劳动合同在内容上必须具备以下条款：用人单位的名称、住所和法定代表人或者主要负责人；劳动者的姓名、住址和居民身份证或者其他有效身份证件号码；劳动合同期限；工作内容和工作地点；工作时间和休息休假；劳动报酬；社会保险；劳动保护、劳动条件和职业危害防护；以及法律、法规规定应当纳入劳动合同的其他事项。劳动合同除前款规定的必备条款外，用人单位与劳动者可以约定试用期、培训、保守秘密、补充保险和福利待遇等其他事项。[①] 为便于日后的人力资源管理，集团型企业应当慎重厘定与劳动者签订劳动合同的主体。

### （三）绩效的考核与评定

绩效考核也称成绩或成果测评，是指企业为了实现生产经

---

① 《劳动合同法》第十七条。

营目的，运用特定的标准和指标，采取科学的方法，对承担生产经营过程及结果的各级管理人员完成指定任务的工作实绩和由此带来的诸多效果作出价值判断的过程。广义的绩效考核也包括劳动者对劳动纪律等规章制度的遵守情况。

作为评价劳动者业绩的一种重要考核方式，绩效考核往往和被考核人员的薪酬挂钩。集团型企业员工被招用后，很可能为集团型企业内部多个关联公司服务，如通过借调等形式。因此，员工在不同岗位服务时的绩效如何考核，可能就会成为集团型企业人力资源管理中的难点。若按照“属人原则”，即按员工的归属关系对其进行考核，则当员工外出为其他关联企业工作时，其隶属单位对其业绩表现实行考核不现实；若按照“属地原则”，即由员工实际工作地所在单位对其进行考核，则员工遵守规章制度的情况、业务表现，具体由哪个部门考核，员工所属单位与实际工作地所在单位之间如何协调，员工不服如何申诉等，这些问题都需要集团型企业作进一步的厘清和规范。笔者建议集团型企业可以紧扣劳动关系这一核心，即采取“属人”为主的绩效考核方式，辅之以“属地”考核方式。即使部分员工前往关联企业“帮工”，也可以通过事先在员工的绩效考核中设定“委托考评”的模式，即由员工所在单位委托关联企业根据员工临时支援岗位的绩效要求进行考评。

前述案例中，北京 WG 公司声称员工李某严重违反单位的规章制度。用人单位应依次确认以下事实并进行举证：（1）李某的工作行为适用哪一家的规章制度；（2）该规章制度是否已依法经过民主程序；（3）该规章制度是否告知过李某。基于以上案例的经验和教训，笔者建议，在关联企业之间，派员“支援帮忙”，可以通过事先在规章制度中明确规定：“员工被派驻关联企业提供支援时，该企业的规章制度视为本单位的规章制度，亦需遵守，但仅以关联企业规章制度向员工具体书面示明为限。”

### （四）薪酬的计算与发放

集团型企业员工的工资，有的是由集团总公司直接支付，有的由集团下属各公司自行支付。实践中，集团型企业或关联性企业之间经常借调员工，在此期间员工部分出勤时间的考核、工资的核算，都需要集团型企业或关联性企业作出明确的规定或约定。

例如：某集团公司是专门从事保险柜加工生产的一家知名企业，其在上海的 A 公司主要负责新产品的研发和设计，而在江苏省南通市的 B 公司则负责产品的生产制造。为了更好地生产经营，A 公司需要派相关技术人员甲前往 B 公司指导生产，同时由于 B 公司对生产质量的重视，也经常邀请甲在休息日过来指导工作。由此，就会产生以下两个问题：（1）在休息日去指导工作时，员工甲应当向谁主张劳动报酬；劳动报酬的性质是工资所得还是劳务所得；（2）如果该部分薪资/报酬由 A 公司发放或代为发放，该部分薪资是否计入员工甲应缴纳社保的基数。

### （五）社保的缴纳

《社会保险法》的颁布实施，对社保的缴纳、流转及员工待遇的享受问题，作了框架性的规定。集团型企业在根据《社会保险法》及时调整单位内部社保政策的同时，也需要注意各地区区域间的政策差异及相关制度前后的衔接。

部分地方政府严格规定，社会保险费缴纳应由用人单位或委托专业劳务机构依法缴纳，关联企业间不得随意委托缴纳，由此产生的后果亦由违法委托的用人单位自行承担。所以，集团型企业不能想当然地相互代为缴纳员工的社保，即使该企业在某地没有相关的办事机构，或办事机构不具备办理社保手续的资质，而员工坚持在当地缴纳社保的，也需要委托当地有资质的劳务机构代为缴纳。

### （六）退工的办理

退工的办理，也是人力资源管理中的重要一环。退工手续是用人单位与劳动者之间劳动关系终结的必备环节。用人单位应在劳动关系终结后为员工依法办理退工手续。集团型企业应该根据先前诸多环节确定的用工主体而明确办理退工手续的主体和时间，如果未能及时给员工办理退工手续，用人单位需依法承担责任。

## 四、小结 & 律师建议

确认劳动关系时，需要区别于劳务、劳务派遣、委托代理等法律关系。在劳动争议案件的实践中，由于集团型企业和关联性企业之间员工的借用或借调较为频繁，在证据材料中往往表现得较为复杂。司法实践中常见的用来证明劳动关系的证据有如下几种：

1. 工资支付凭证或记录（职工工资发放花名册）；
2. 缴纳各项社会保险费的记录；
3. “工作证”、“服务证”等能够证明身份的证件；
4. “登记表”、“报名表”等招用记录；
5. 考勤记录；
6. 奖励证书；
7. 档案的托管情况；
8. 其他劳动者的证言等。

上述证据材料指向的用人单位往往可能是两个或两个以上的主体，在具体的案件中如何确定劳动关系最终的归属，需要劳动仲裁委员会或法院结合案件的具体情况而综合判断。用人单位若要避免在此类案件中出现主体身份的纠结，应当在日常的人力资源管理中就有所区隔，明确劳动关系在集团型企业中的归属和各关联单位的权责，避免出现“无人问津”或“多重领导”的乱象。

综上，劳动关系及其主体的确认，是人力资源合规管理的基础，是预防和解决人事纠纷的前提条件。集团型企业内部需要充分认识到劳动关系确认的重要性，并应根据单位的生产经营特点，统筹安排并确定劳动关系的归属。明确劳动关系归属后，以此为核心而展开人力资源管理中的招聘、绩效考核等工作的分配和协调，既要避免多重领导而效率低下，又要避免在集团型企业内部形成人力资源管理无人问津的死角。

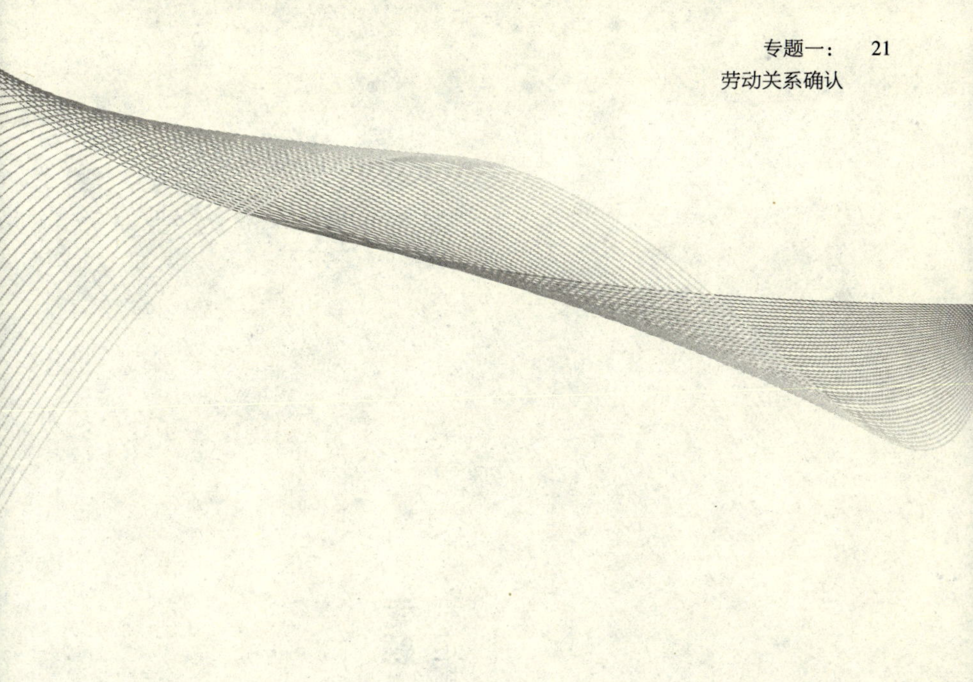

# 专题二：

## 制定规章制度之若干问题

## 第一部分

### 由一个案例引发的集团型企业规章制度问题

一、案情介绍

二、案情分析

三、关于违纪问题应注意的事项

四、规章制度制定中应注意的事项

五、解除劳动关系时程序之合法性

## 第二部分

### 集团型企业制定规章制度时应注意的其他问题

一、什么样的规章制度是有效的

二、罚款处罚是否合法，应注意什么

三、集团型企业规章制度的内容是否必须一致，应当怎样规定

## 第三部分

### 小结&律师建议

规章制度（包括对员工的奖惩制度）是指由用人单位制定的、劳动者在劳动过程中必须遵守和履行的规则。用人单位利用规章制度对违纪员工进行处分，是用人单位用人管理权的体现，也是用人单位管理权利的一部分。那么，企业尤其是集团型企业在规章制度的制定中，应注意些什么，分公司或子公司可否使用集团企业的规章制度对员工进行管理呢？下面将围绕以上问题展开论述。

# 第一部分
# 由一个案例引发的集团型企业规章制度问题

## 一、案情介绍

王某就职于某集团公司，该集团公司总部位于北京，在上海、重庆、南京、深圳等地设有分支机构或分公司，是一家典型的集团型企业，王某在该公司上海分公司工作，任销售经理。

由于工作需要，总公司与王某进行协商，想派其至深圳分部工作，但是王某考虑到自己是上海人，对上海比较熟悉，且家庭都在上海，就拒绝了公司提出的协商要求。

总公司对王某的拒绝行为极其不满，同时总公司在2009年6月15日发现王某在给供应商的邮件中，未经总公司同意，擅自承诺给予供应商相应回扣共计五万余元，现供应商根据王某的邮件发函至总公司，要求总公司兑现承诺。

总公司遂找到王某，要求王某解释上述事件，并要求王某提交书面的解释和说明。王某声称，上述做法是得到上海分公司领导的书面授权，以前也存在这样的做法，完全属于正常往来。现在总公司要找他毛病，是因为其拒绝去深圳分部工作，总公司是在故意刁难他。总公司拿到上述书面解释和说明之后，上海分公司于2009年7月11日单方向王某发出解除劳动合同的通知书，称王某由于不服从领导安排，擅自违反集团公司商业行为准则，根据集团公司的《员工手册》的相关规定，给予王某严重违纪的处分，解除与王某的劳动合同。

王某不服上海分公司的单方解除行为，认为其解除违法，即向劳动争议仲裁委员会申请劳动仲裁，仲裁委员会的仲裁裁决支持了王某的请求，认为上海分公司解雇王某，没有合法依据。上海分公司不服，起诉到法院。法院最终驳回了上海分公司的诉讼请求。

## 二、案情分析

本案涉及集团型企业员工违纪问题的处理，尤其是在处理依据的选择方面。这一问题是用人单位在履行劳动合同过程中经常遇到的问题，也是用人单位感到棘手的问题。什么情况下可以给予员工处分？给予什么样的处分是最合适的？处分的依据是什么？母（总）公司的规章制度是否可以作为处分子（分）公司员工的依据？上述公司的规章制度的民主程序如何？

### （一）规章制度的重要性和有效性

“不以规矩，不成方圆”，任何企业的良好运行都要维持基本的秩序，尤其是社会化的大生产更加注重组织分工。保持正常的生产管理秩序是企业发展的内在需要。为此，用人单位通过劳动纪律、规章制度、职责分工、命令指挥等方式，从各个角度维持单位的生产秩序，当劳动者和单位生产秩序不相容时，用人单位不得不利用规章制度、劳动纪律来处罚员工，甚至采取极端的措施解除其与员工的劳动关系。

这种管理权利的行使基础是劳动法律法规，说到底，企业对违纪员工进行处分是来自劳动法律法规的授权。我国先后在《企业职工奖惩条例》、《国营企业辞退违纪职工暂行规定》、《劳动法》及《劳动合同法》等法律法规与规章制度中规定了用人单位如何制定规章制度来奖励或惩罚员工。同时，在《劳动法》、《劳动合同法》中对规章制度的民主程序也作出了明确的规定，所有公司的规章制度，包括母（总）公司、子（分）公司的规章制度都必须按照法律规定的要求，在本企业通过相应的民主程序后才能正式生效，才能作为处罚员工的依据。

通过上述分析，我们可以看出，用人单位有权对员工的违纪行为作出相应的处罚，但是前提是用人单位对员工作出处分时应有相应的规章制度作为依据。论述至此，问题的关键在于，用人单位有没有相应的关于员工惩处的规章制度？这些有关奖惩的规章制度的内容是否符合法律法规的规定，是否违法？显然，这些规章制度不仅要合法，而且这些规章制度的内容还必须合理，否则可能一样无效。此外，制定有关奖惩规章制度的程序是否合法，是否按照法律法规的要求通过了民主程序，并且是否向全体员工进行了公示，对用人单位来讲，同等重要。同时，必须明确在进行处罚时，不能张冠李戴，将母（总）公司的规章制度作为处分子（分）公司员工的依据，更不能将子（分）公司的规章制度作为处分母（总）公司员工的依据。

### （二）案件简析

从本案的案情来看，上海分公司据以作出解雇王某决定的是集团公司的《员工手册》。这样做是否合法？规章制度的生效条件是什么？

1. 给予回扣是否为严重违纪

从《员工手册》本身规定的内容来看，并未视员工给予供应商承诺为一种违纪行为，更别说是严重违纪行为；对于不服从领导安排，不能完成分配的工作有明确规定，但是并未将上述行为列为严重违纪的情形，对此可视为一般违纪行为，可以给予书面严重警告。

2.《员工手册》能否约束王某

在庭审过程中，王某辩称：从未看见或签收过《员工手册》。后经调查核实，该公司的《员工手册》在北京总公司范围内曾由全体职工讨论签字，并以通知的形式发文至各分公司，要求所有分支机构或分公司参照执行。该公司对员工的违纪行为找不到明确的制度依据，《员工手册》对给予供应商承诺也没有明确规定，对不服从领导安排规定为一般违纪行为，至于不同意工作调动是否属于不服从领导安排范畴存在极大疑点。

就《员工手册》制定及应通过民主程序来看，按照《劳动合同法》的规定，用人单位在制定、修改或者决定有关劳动报酬、工作时间、休息休假、劳动安全卫生、保险福利、职工培训、劳动纪律以及劳动定额管理等直接涉及劳动者切身利益的规章制度或者重大事项时，应当经职工代表大会或者全体职工讨论，提出方案和意见，与工会或者职工代表平等协商确定。

但是，上海分公司对于《员工手册》的制定并没有通过上述民主程序，并且没有按照相关法律法规的要求，对全体员工进行公示，只是以发通知的形式予以公布，所以该规章制度不得作为上海分公司处罚员工的依据。因此，可以看出，公司解除王某劳动合同的行为没有相应的法律依据或公司规章制度依据，属于违法解除与劳动者的劳动合同，应当承担相应的法律责任。

## 三、关于违纪问题应注意的事项

从上述案例我们可以看出，集团型企业在对员工作出处分，特别是依据相关法律法规解除与员工的劳动合同时，应当注意以下两个方面的问题：

### （一）重视员工违纪或严重违纪的证据

《最高人民法院关于民事诉讼证据的若干规定》第六条和《最高人民法院关于审理劳动争议案件适用法律若干问题的解释》第十三条均规定："在劳动争议纠纷案件中，因用人单位作出开除、除名、辞退、解除劳动合同、减少劳动报酬、计算劳动者工作年限等决定而发生劳动争议的，由用人单位负举证责任。"因此，在对员工进行惩处之前，用人单位应当认真调查研究，了解整个事情的真相，并将相关事实以书面的形式加以固定。这样做的原因在于，用人单位一方面要固定一些对员工进行过惩处的证据，以防范员工因不服公司惩处决定而提起劳动争议仲裁或提起诉讼时公司的举证责任风险；另一方面，认真调查取证还有助于公司了解员工违法违纪的真实情况，以确定员工违法违纪行为的程度而给予相应的惩罚，以防范公司的惩罚措施与员工的违纪行为不相匹配的现象出现。

### （二）何为违纪或严重违纪行为

“法无明文规定不为罪”，此乃最基本的法理，它同样适用于劳动法领域，适用于对员工的违纪处分。也即，如果企业的规章制度中没有将相关行为作为违纪行为进行规定，当员工出现此种行为时就不应当作为违纪行为进行处理。按照上述案例中的情形，公司并没有将员工擅自给予供应商承诺作为违纪行为加以规定，公司因而不能对王某的行为进行处理。况且王某的行为并没有给公司造成任何的损失，因为公司没有真正支付供应商上述款项。在适用公司规章制度时不能类推适用，必须具有明文之规定。

## 四、规章制度制定中应注意的事项

### （一）规章制度的合法性

制定规章制度是用人单位的一项管理权利。所谓“依法”，由劳动部颁布的《关于〈劳动法〉若干条文的说明》第四条规定：“本条中‘依法’应当作广义理解，指所有的法律、法规和规章。包括：宪法、法律、行政法规、地方法规，民族自治地方，还要依据该地方的自治条例和单行条例，以及关于劳动方面的行政规章。”合法的惩处员工的规章制度，不仅内容要符合现行的国家法律，程序上也要符合国家法律法规的规定。

在《最高人民法院关于审理劳动争议案件适用法律若干问题的解释》中，对规章制度的制定程序作了如下规定：“用人单位根据《劳动法》第四条之规定，通过民主程序制定的规章制度，不违反国家法律、行政法规及政策规定，并已向劳动者公示的，可以作为人民法院审理劳动争议案件的依据。”因此，公司在制定惩处员工的规章制度时，至少应通过“民主程序”。对于直接涉及劳动者切身利益的劳动报酬、工作时间、休息休假、劳动安全卫生、保险福利、职工培训、劳动纪律以及劳动定额管理等规章制度或者重大事项，《劳动合同法》对制定、修改或者决定程序已作出特别规定，要求这些规章制度和重大事项应当经职工代表大会或者全体职工讨论，提出方案和意见，与工会或者职工代表平等协商确定。并且直接涉及劳动者切身利益的规章制度在制定完成后必须向员工公示。

### （二）规章制度的合理性

一部切实可行的规章制度，不仅要合法，而且要合理。合理的标准不像合法一样，对于合法的标准，我们可以找到具体的法律规定，然后制定出相应的规章制度。而合理的标准却不是统一的，企业要根据自身的具体情况予以判断。比如在一般情况下，员工工作期间抽烟只是微小的违纪情况。但是对于某些化工企业，员工在工作期间抽烟，就是严重违纪。如果一个普通的超市规定，员工工作期间抽烟按严重违纪处理，并予以辞退，那么这样的规定显然是不合理的。因此，在仲裁或诉讼期间，仲裁员或法官对于这样的规章制度规定的惩罚可能是不予认可的。

### （三）规章制度的可操作性

在自行根据自身情况设计员工违纪处罚情形时，用人单位应当对不同违纪行为予以区分。例如，可以从性质上分为违反生产秩序的行为、违反商业道德的行为、违反公序良俗的行为等；在程度上可以分为轻微违纪行为、较重违纪行为、严重违纪行为。实践中，根据不同的违纪行为和违纪程度而给予员工相应的处罚，对严重的违纪行为可予以解除劳动合同。对于什么是轻微违纪行为、什么是严重违纪行为等，规章制度中都要作出细化或者量化的规定，使其具有可操作性。

### （四）适用主体的特定性

集团型企业尤其应该注意规章制度适用主体的特定性，不能张冠李戴地将集团型总公司的规章制度直接作为对分公司员工进行处分的依据。

从法律上来说，母、子公司应该是比较清楚的，属于不同的法律主体，分别具有法人资格，因此母公司的规章制度不能作为处理子公司员工的依据。如果母公司的规章制度要作为子公司的处理依据，应当按照法律法规规定的程序，在子公司内部进行相应的民主程序。

总、分公司相较而言难以理解一些，因为分公司在法律上不具有独立之法律人格，因此很多人误以为总公司的规章制度可以作为处理分公司员工的依据。其实上述理解完全是错误的，实际做法的法律风险也很大，很有可能被认定为没有依据的行为。因为，在法律上，特别是在劳动法之中，分公司是具有独立的用工主体资格的，作为用人单位，有权与员工签订劳动合同。这一点，与传统之民法规定不一致。从这个意义上来说，分公司作为一个特殊的用工主体，对自己的员工具有相应的管理权限，但是应当根据法律的规定，为本公司制定相应的规章制度，以作为对员工管理的依据。因此，总公司的规章制度也不能直接作为处分分公司员工的依据。分公司要处分员工，可以按照总公司的规章制度，只不过该规章制度应在分公司按照相关法律法规的规定走相应的民主程序。而本案败诉的关键之一，也是规章制度没有按照上述分析进行相应的民主程序。

## 五、解除劳动关系时程序之合法性

根据《劳动合同法》第四十三条的规定，建立了工会组织的用人单位单方解除与员工的劳动合同时，应当事先将理由通知工会。用人单位违反法律、行政法规规定或者劳动合同约定的，工会有权要求用人单位纠正。用人单位应当研究工会的意见，并将处理结果书面通知工会。因此，集团型企业在单方解除员工时应当按照《劳动合同法》的要求，通知工会。在司法实践中，笔者曾碰到过好几起因为没有通知工会而败诉的案件，因此集团型企业在作出解除合同决定时应当注意该程序性问题。在适用上述条款时用人单位应注意：（1）应当在作出单方解除合同决定之后，正式通知职工之前告知工会，听取工会意见；（2）工会不同意，应当重新研究；（3）通知内容包括事实及依据，也就是已经查明的员工违纪的证据及适用的法律法规和规章制度；（4）通知的形式应当采取书面形式，而不是口头形式。

## 第二部分
## 集团型企业制定规章制度时应注意的其他问题

除去上述直接与所述案例相关的给予集团型企业在规章制度方面的意见之外，集团型企业在规章制度制定方面还应关注如下三个问题：

## 一、什么样的规章制度是有效的

用人单位制定的规章制度要具有法律效力，应当符合下列两个条件：

1. 规章制度符合法律法规的规定。

2. 规章制度向劳动者进行过公示。

对于第1点来说，规章制度符合法律法规的规定包括两个方面的内容：

第一，规章制度的内容合法合理，即规章制度的内容应当符合法律法规的规定，不与其冲突，并且规章制度的内容还应当具有合理性，不能对劳动者过于苛刻，如果规章制度的规定明显属于不合理的范畴，同样不会被仲裁机构或法院认可。因此，用人单位应当对其制定出来的规章制度进行合法性及合理性的审查，以确定规章制度的合法性及合理性。

第二，制定规章制度的程序应当合法，即制定的规章制度应当通过法律法规规定的民主程序——用人单位在制定、修改或者决定有关劳动报酬、工作时间、休息休假、劳动安全卫生、保险福利、职工培训、劳动纪律以及劳动定额管理等直接涉及劳动者切身利益的规章制度或者重大事项时，应当经职工代表大会或者全体职工讨论，提出方案和意见，与工会或者职工代表平等协商确定。

对于第2点来说，规章制度应当向劳动者公示，用人单位可以通过多种方式让劳动者知晓：在特定地区进行公示，对员工进行宣讲或培训，让员工在指定时间或地点进行阅读等。

当然，用人单位在进行上述操作步骤时，应当保留相应的证据，以防范可能的法律风险。

## 二、罚款处罚是否合法，应注意什么

企业是否可以对违纪员工进行罚款处罚？国有企业和集体企业的《企业职工奖惩条例》对罚款处罚有所规定，并且实践中不少中小企业在惩处制度中都规定了金额不等的罚款。一般情况下，只要该罚款制度是通过民主程序制定的并公告了，罚款金额也不离谱，就算因此发生纠纷提请仲裁或诉讼，该罚款制度也往往会被仲裁员或法官采纳。但也有相当一部分企业设定的罚款处罚不合理，则将不被仲裁员或法官采纳。

从法理的角度分析，严格说来，由于企业不是政府，所以企业不能设定带有惩罚性的罚款。法院或仲裁委员会采纳公司制定的惩处制度，并不是认为企业有权制定惩罚性的罚款措施来惩处员工，而是认为，公司制度中虽然采用“罚款”措辞，但实质上是要求违反劳动合同约定义务的员工承担其违约责任，相当于违约金性质，具有补偿性。并且在现行《劳动法》、《劳动合同法》及其他法规中，没有关于用人单位对职工罚款的依据。现行劳动法规只规定对员工违反法律、规章制度或劳动合同而对用人单位造成实际损失的，用人单位可以要求该员工承担违约或赔偿责任，主要包括：劳动合同约定的专项培训费、竞业限制补偿费用，如果对用人单位造成其他经济损失的，可以要求劳动者承担损害赔偿责任。

## 三、集团型企业规章制度的内容是否必须一致，应当怎样规定

在与许多集团型企业客户接触的过程中，笔者发现有很多的集团型企业客户，尤其是子（分）公司的人力资源负责人在运用企业规章制度方面有如下困惑：母（总）公司的规章制度是否可以直接被子（分）公司采用，或者说当母（总）公司要求子（分）公司将其规章制度作为子（分）公司的规章制度时，子（分）公司应该如何适从。我们知道，从法律的角度来看，劳动法属于社会法，带有很多国家强制性的色彩，整个法律体系也比较复杂，不仅有国家层面的法律法规，还有地方层面的地方性法规、规章，甚至一些规范性文件。由于这些规范性文件是为解决具体问题而设立的，所以具有很强的操作性。这也导致各个地方关于劳动法的相关政策规定极为不一致。而集团型企业的公司往往分布于中国的不同城市，因此照搬照抄母（总）公司的规章制度显然是不合适的，正确的做法是各地子（分）公司在吸收母（总）公司各项规章制度之精华的同时，依据当地的劳动法律法规或政策性规定，因地制宜地制定属于自己的规章制度，

这样制定出来的规章制度才是最适合公司实际情况的，也是最具实用性的规章制度。

# 第三部分
# 小结 & 律师建议

集团型企业规章制度与一般的企业既具有相同的地方，也具有不同的地方。所谓相同的地方，即集团型企业规章制度与一般企业规章制度无论是在内容方面还是在程序方面都应当符合法律的规定。在内容上应当合法合理，不能出现违反法律法规甚至是地方性规定的条文，也不能出现虽不违法但是明显不合理的内容；在程序上，应当按照法律法规的规定，经过相应的民主程序，并经相关员工签收，使其具有法律效力。所谓不同，即集团型企业规章制度与一般企业也有不一致的地方，比如不能直接将母（总）公司的规章制度作为处分子（分）公司员工的依据，母（总）公司的规章制度也不应全盘适用于子（分）公司。因此，集团型企业在制定规章制度时，应当通盘考虑，逐个制定，分步细化，以保证制定的规章制度实用有效。

专题二：

制定规章制度之若干问题

# 专题三：工时休假

# 第一部分

## 工时

一、工时制度的分类

二、集团型企业中常见的工时问题

三、案例分享

四、小结&律师建议

# 第二部分

## 休假

一、休假的种类

二、集团型企业人员在内部流转时常见的休假问题

三、案例分享

四、小结&律师建议

工作时间又称“工时”，任何关于工作时间的规定都是建立在明确何谓“工作时间”的基础上的，并且直接牵涉认定加班时间及休息休假等问题。比如，企业是否将午休时间视为工作时间，这就直接牵涉员工的上下班时间以及加班费计算的问题。

工时休假管理是人力资源部门的基础工作，但也是争议最多的领域，近年来因为工时和加班引发的劳动争议、集体罢工也大量出现。因此，对于集团型企业而言，做好工时休假的相关工作，不仅对于内部管理非常重要，而且对于劳资纠纷的预防和后期证据的提供都十分重要。下面将从“工时”和“休假”两个角度分别进行详细分析。

# 第一部分 工时

## 一、工时制度的分类

### （一）标准工时制度

标准工时制度，也称为标准工作制度，是由立法所确定的一昼夜中的工作时间长度，一周中的工作日天数，并要求各用人单位和一般劳动者普遍实行的基本工时制度。标准工时制度是现今使用最多，最普遍的一种用工制度，任何单位和个人都不得擅自延长职工的工作时间，根据1995年5月1日起施行的《国务院关于职工工作时间的规定》，我国目前实行的是每日工作8小时，每周工作40小时的标准工时制度。

### （二）特殊工时制度

特殊工时是指特定工作岗位上的劳动者适用的工时。特殊工时制度是相对于标准工时制度而言的，包括综合计算工时工作制和不定时工作制，但须经劳动行政部门审批方可适用，否则即为违法。

1. 综合计算工时工作制

综合计算工时工作制是指针对工作性质特殊需连续作业及某些受季节和自然条件限制的行业企业之部分岗位，不以日为基本单位计算劳动时间，而以周、月、季、年等为周期，综合计算工作时间，但其平均日工作时间和平均周工作时间都与法定标准工作时间基本相同的工时制度。

员工所在岗位执行综合计算工时工作制的，其在综合计算工时一个周期内的总实际工作时间没有超过法定总工作时间的，其在公休日工作，无须支付200%的加班工资；超过法定总工作时间需要计算加班费用的，除法定节假日外，一律按照150%的标准予以支付。

需要注意的是，并非所有的员工均可适用综合计算工时工作制，目前可以申请实行综合计算工时工作制的岗位有以下3种：

（1）交通、铁路、邮电、水运、航空、渔业等行业中因工作性质特殊，需连续作业的职工。

（2）地质及资源勘探、建筑、制盐、制糖、旅游等受季节和自然条件限制的行业的部分职工。

（3）其他适合实行综合计算工时工作制的职工。

2. 不定时工作制

不定时工作制是指因生产特点、工作特殊需要或职责范围的关系，无法按标准工作时间衡量工作量，而实行的工作时间不受固定时数限制的工时制度。换言之，不定时工作制就是一种没有上下班时间限制的较为弹性的工作时间制度。对于所在岗位执行不定时工作制的员工而言，企业无须向其支付加班费用。但需要注意的是，在上海、深圳等地，根据其当地的地方性法规，即使是经劳动保障行政部门批准实行不定时工作制的用人单位，在法定节假日安排劳动者工作的，仍应按照不低于劳动者本人日或小时工资标准的300%支付加班费用。

与综合计算工时工作制相同，只有特定员工方可申请此种工时制，根据现行法律法规，实行不定时工作制的职工有以下3种：

（1）企业中的高级管理人员、外勤人员、推销人员、部分值班人员和其他因工作无法按标准工作时间衡量的职工。

（2）企业中的长途运输人员，出租汽车司机，铁路、港口、仓库的部分装卸人员，以及因工作性质特殊，需机动作业的职工。

（3）其他因生产特点、工作特殊需要或职责范围的关系，适合实行不定时工作制的职工。

## 二、集团型企业中常见的工时问题

### （一）工作时间的具体定义

工作时间又称“工时”，任何关于工作时间的规定都是建立在明确何谓“工作时间”的基础上的，并直接牵涉到认定加班时间及休息休假等问题。比如，企业是否将午休时间视为工作时间，这就直接牵涉到员工的上下班时间以及加班费计算的问题。然而，在我国现行法律法规中，并没有对“工作时间”进行过明确定义。从司法实践中看，通常意义上认定的工作时间是指员工实际在为公司提供劳动服务的时间，不包括午休等员工吃饭休息的时间。但是，若企业的规章制度等内部文件明确将午休等界定为工作时间的，则应按照企业的规定执行。

### （二）标准工时制的使用

根据相关法律规定，我国目前的标准工作时间为每日工作8小时，每周工作40小时。只要是符合这个标准的，都属于标准工时制度，而并非一定要求每周一至每周五工作5日、每个工作日从上午到下午工作8小时。

也就是说，生活中常见的三班倒这种翻班制度，虽然每个工作日的上下班时间不同，但只要符合每日8小时、每周5日的要求，就是实行了标准工时制度。但需要说明的是，根据1995年5月1日起施行的《国务院关于职工工作时间的规定》，在标准工时制下，除了要满足“职工每日工作不超过8小时、每周工作不超过40小时”之外，还需“保证劳动者每周至少休息一日”。根据劳动部《关于〈中华人民共和国劳动法〉若干条文的说明》（劳办发［1994］289号），“每周至少休息一日”应当理解为用人单位必须保证劳动者每周至少有一次24小时不间断的休息，即不管用人单位实行每日几小时工作制度，都必须保证劳动者在每周内至少有一个连续一天的休息时间。

（三）特殊工时制度之批文的地域性

根据《劳动法》及《国务院关于职工工作时间的规定》，当企业因生产特点不能实行标准工时制时，报经劳动行政部门批准，可实行其他工作和休息办法。即企业可以根据岗位特性及生产特点，选择实行特殊工时制度。但企业实行特殊工时制度时，必须经过劳动行政部门的批准，否则即为违法。

集团公司的下属子公司/分公司通常都遍布全国各大省市。但是，集团公司向相关劳动保障行政部门申请获准实行特殊工时制度后，该效力所及范围仅限于申请企业的营业执照区域范围内，并不当然地适用于其下属分公司、子公司及关联企业。各分公司、子公司及关联企业如需实行特殊工时制度，应当以自己的名义自行向当地劳动保障行政部门进行申请，否则，在其内部岗位上实行特殊工时制度的行为将被认定为违法，一旦员工就此提起劳动诉讼，要求企业支付其工作期间内所有的加班费用乃至经济补偿金，那么对企业来说往往就不是一笔小金额的费用。

### （四）公司员工在内部流转后的工时制度变更

员工在集团型（关联性）企业内进行流转，可能会涉及工时制度的变更。例如，将集团公司的普通员工派往分公司任领导，之前该员工在集团公司是实行标准工时制度，而在分公司由于其职位的变动，导致其工作时间需要变更为不定时工作制。在这种情况下，首先，要确认分公司的该领导岗位是否有申请实行不定时工作制。其次，要确认与该员工签订的劳动合同中有没有自动根据岗位变更相应工时制度的条款，如果没有，则应当在与员工签订劳动合同变更协议时，约定其实行新岗位的工时制度，这一点往往是被企业所忽视的。

除此以外，特殊工时岗位上的员工在进行内部流转时，即使流转前后的岗位相同，也应当注意确认员工流转后的公司的相应岗位是否有申请过同种特殊工时制度。因为各公司的所在地不同、审批程序不同，以及各公司本身性质的差异，有时会导致同一岗位存在不同工时要求，实行的是不同的工时制度。

## 三、案例分享

### （一）案情回放

2007 年 5 月，王某进入某外企上海分公司担任 IT 主管。因为工作出色，总公司决定派遣王某至广州分公司担任 IT 经理。

双方于2009年1月签订了劳动合同变更协议，约定在广州担任IT经理期间，每月工资收入增加至28 000元，并由公司额外支付其租房津贴、交通津贴、通信津贴、探亲费用等近万元，而其他方面不作任何变动。2010年5月，总公司决定自王某劳动合同期满之日起将王某调回上海分公司，并按照原劳动合同待遇标准与其进行续签。王某不同意，双方协商未果，劳动合同期满终止。随后，王某提起仲裁要求公司向其支付其在广州任职期间的加班费用16万余元，并提供了会议记录等相关证据证明其加班事实。

经查，王某在进入上海分公司时签订的劳动合同系约定实行标准工时制度，双方的劳动合同变更协议中未提及有关工时的任何条款，而广州分公司的IT经理一职系经过当地劳动保障行政部门批准实行不定时工作制的岗位。

### （二）案情分析

1. 广州分公司获准实行不定时工作制的批复是否对王某有效？

广州分公司在王某所在岗位实行不定时工作制，依法办理了审批手续，从程序上来说，对于这个岗位应该是合法有效的。但是，因为王某最初是与上海分公司签订的劳动合同，合同中约定其执行标准工时制度，虽然其在被派往广州分公司后，从IT主管上升到了IT经理，但其和上海分公司签订的变更协议中，并没有提到对于原劳动合同所约定的工时制度予以更改。

因此，在双方没有就该条款协商一致并更改的前提下，对于王某执行的工时制度，应该根据原双方合意签署的劳动合同认定为标准工时制度，而非按照广州分公司的制度实行不定时工作制。

2. 公司是否需要向王某支付其在广州任职期间的加班费用16万余元？

因为王某适用的是标准工时制度，因此其有权要求公司支付其超过标准工作时间的加班费用，按照其在广州任职期间的日工资作为基数予以计算，共计16万余元。

（三）审判结果

仲裁委员会判定公司需向王某支付相应的加班费用。

## 四、小结 & 律师建议

由于集团型（关联性）企业中关联企业中的人员流转较为普遍，因此在集团内部流动时应注意将流转后的具体情况充分告知员工，并以书面形式让员工签字确认，尤其在前后工时制度有所变更时，以避免日后引发争议时对企业方不利。

# 第二部分 休 假

## 一、休假的种类

### （一）法定节假日

根据1999年国务院修订发布的《全国年节及纪念日放假办法》对法定节假日的界定，我国法定节假日具体分为三类。第一类是全体公民放假的节日，若在此时要求劳动者加班，则单位需要支付不低于300%的加班工资；第二类是部分公民放假的节日及纪念日，如适逢星期六、星期日则不予补假，应休未休的，也只需正常支付其工资即可，无须支付加班工资；第三类是少数民族习惯的节日，按不同民族的风俗习惯而定。

### （二）带薪年休假

根据国务院2007年颁布的《职工带薪年休假条例》和人力资源和社会保障部于2008年发布的《企业职工带薪年休假实施办法》的相关规定，机关、团体、企业、事业单位、民办非企业单位、有雇工的个体工商户等单位的职工连续工作1年以上的，享受带薪年休假。职工在年休假期间享受与正常工作期间相同的工资收入。

（三）婚育假

婚育假具体分为婚假、产假、哺乳假等。其中，婚假又有普通婚假和晚婚假之分。对于婚假的规定相对而言较少，而且基本见之于比较早期的法律法规政策之中。晚婚假根据各地情况不同在假期时间长短上有一些差异。产假则分为产前假、流产假、晚育假、看护假等情形。除在国务院2012年出台的《女职工劳动保护特别规定》中有较为统一性的规定以外，都由各地方自由规定。

（四）病假

病假，顾名思义，即员工因身患疾病而需要进行的休假。根据《企业职工患病或非因公负伤医疗期规定》（劳部发［1994］479号）第二条的规定，医疗期是指企业职工因患病或非因公负伤停止工作治病休息不得解除劳动合同的时限。因此，法律规定员工休病假的保护期即为医疗期。

根据《企业职工患病或非因公负伤医疗期规定》（劳部发［1994］479号）、《关于贯彻执行〈中华人民共和国劳动法〉若干问题的意见》（劳部发［1995］309号）等相关规定，企业职工在医疗期内，其病假工资、疾病救济费和医疗待遇按照有关规定执行，病假工资或者疾病救济费可以低于当地最低工资标准，但不能低于最低工资标准的80%。但上海市有特别规定，根据《上海市企业工资支付办法》（沪劳保综发［2003］2号）的规定，在劳资双方没有就病假工资进行约定的情况下，一般是按劳动者本人所在岗位（职位）正常出勤的月工资的70%确定。

### （五）丧假

职工的直系亲属（父母、配偶和子女）死亡时，可以酌情获得1~3天的丧假。丧假期间，用人单位应按劳动合同规定的标准支付劳动者工资。

## 二、集团型企业人员在内部流转时常见的休假问题

### （一）请假程序

一般而言，企业人员的流转应当是在结束原劳动关系后与流转后的公司建立新的劳动关系。但由于集团型（关联性）企业之间的特殊性，导致大多数情况下，企业人员都是在不更改劳动关系权利义务主体的前提下，更改实际服务的工作单位。当流转人员需要申请休假时，申请手续等程序性问题就会随之浮出水面，若约定不明就会继而产生混乱。

就此问题，建议各集团型（关联性）企业应当尽量统一申请休假的手续，并在规章制度或者人员流转时双方签署的协议中明确以哪一方的规定为准。

### （二）剩余年休假天数的使用

在企业人员于内部流转时，不可避免要遇到的就是年休假天数如何计算的问题。根据国务院2007年颁布的《职工带薪年休假条例》和人力资源和社会保障部于2008年发布的《企业职工带薪年休假实施办法》的相关规定，如果人员在内部流转时劳动关系是重新建立的，那么应当分别计算该员工流转前和流转后的年休假天数，流转前尚未使用的天数按照其日工资的300%予以支付年休假工资报酬，流转后的按照比例享有。

但是，由于集团型（关联性）企业人员的内部流转一般都并非是员工主动自愿要求更改工作单位的，而且前后两家公司又有着一定的关联性，所以大多数公司会选择将其在前任公司中剩余的年休假天数转移至后一任公司累计计算。如果员工的休假情况是由集团公司统一记录并管理的，那么当然不会产生问题。而如果休假情况是由各公司各自记录管理的，这时候需要注意的是，企业应当完善前后两家公司关于员工年休假资料的交接手续，例如由转出公司出具相关证明以证实该员工应享受而未享受的年休假剩余天数，然后由转入公司安排其休剩余年休假。

### （三）福利性休假不一致引起的冲突

有些集团型（关联性）企业中，各公司的规章制度并非由集团公司统一制定，各休假规定也各不相同。人员于内部流转时，从福利差的公司流转至福利好的公司固然不会引起争议，但反之，则很容易造成员工的不满心理。因此，企业在安排人员进行内部流转时，应尽量减少员工福利落差，或者通过其他方式予以弥补。如果劳动关系维持原状不变，只是更改实际服务单位的，则员工应按照之前福利好的规定享受休假待遇。此外，应当充分利用好与员工签署的劳动合同变更协议，明确流转后的各项薪资福利待遇及标准，以免今后引起不必要的劳动争议。

## 三、案例分享

### （一）案情回放

2009 年 8 月，萧某应聘至某酒店集团担任 A 市店长一职。2010 年 1 月，集团公司将其调派至 B 市酒店担任店长。2010 年 9 月，萧某因无故旷工被公司开除，遂因不满向当地劳动仲裁委员会提起仲裁，要求公司向其支付未休婚假、未休年假工资共计人民币 1 万余元。萧某声称，其于 2009 年 12 月结婚，在担任 B 市店长期间，曾向 B 市酒店提出申请休婚假，被 B 市酒店以其并非在 B 市任职期间结婚为由拒绝。其在 B 市酒店虽然享受了 5 天年休假，但是根据 A 市酒店规章制度的规定，其应当还有 5 天福利性年休假可以享受。经过仲裁审理查明，萧某在从 A 市酒店被调往 B 市酒店时，只签署过一张调职通知书，上面写明调职时间、地点及调整后的薪资，并未涉及任何规章制度、福利待遇问题。另外，萧某的社会保险费用等仍是A市酒店在为其缴纳。

（二）案情分析

1. 萧某申请的未休婚假工资能否被支持?

根据《关于国营企业职工请婚假和路程假问题的通知》（［80］劳总薪字29号、［80］财企字41号）的规定，职工本人结婚，由“本单位”给予婚假。此处的“本单位”应指与劳动者建立有劳动关系的用人单位。本案例中，由于萧某在B市酒店工作是由集团公司调职安排的，且其社保关系等仍在A市酒店，应当认定萧某和A市酒店存在劳动关系。但由于A市、B市酒店属同一集团内不同分支机构，且B市酒店对萧某进行了实际用工，应该认为，萧某向B市酒店申请休婚假是合法合理的，B市酒店不应予以拒绝。因此，萧某有权获得未休婚假工资。

2. 萧某申请酒店支付未休福利性年休假工资的请求是否可以获得支持?

萧某的这项请求能否被支持，取决于A市酒店对于福利性年休假是如何规定的。现在有很多企业都会给予员工超过法定标准的带薪休假天数，但是如果员工没有享受到这类福利性休假，公司是否也要像法定带薪休假那样向员工支付300%的未休假工资呢？从现在的司法实践角度来说，对于应享受而未享受的福利性休假，除非规章制度中有条款明确载明对于未休的福利性休假，公司应支付其一定金额的待遇作为补偿，否则仲裁和法院一般不予支持300%的未休假工资报酬的请求。

（三）审判结果

仲裁最终判定酒店应向萧某补缴相应的社会保险，并给予其未休婚嫁的工资，而对于萧某要求向其支付300%未休年休假工资报酬的请求未予支持。

## 四、小结&律师建议

在集团型（关联性）企业中，休假制度的管理与一般企业并无不同，但由于集团型（关联性）企业中各独立机构较多，可能出现不同机构对休假的具体操作并不相同，因此，当员工在集团内部进行流转时，应做好对该员工休假内容的记录，以免日后发生争议。除此之外，为避免员工流转时，因各机构具体操作不同而出现问题，建议各机构可统一模式，以简化具体操作。

# 专题四：薪酬管理

对于集团型企业的发展而言，薪酬管理是其人力资源管理中最主要，也是最敏感的环节之一，直接影响着企业的竞争力。普遍认为，良好的薪酬管理体系，一方面有利于员工的管理、劳动用工成本的控制，另一方面也是企业灵活用人的基础。此外，当前劳动法对企业规制日益严苛，企业在劳动关系上的自主空间越来越小，薪酬管理因此成为企业实现灵活管理的一个很好的突破口。而集团型企业由于其自身特征，在企业管理中还有其他的需求，如怎样进行跨区域多层次的管理，如何实现对下属子公司、分公司的管理控制等，这些问题都可以通过良好的企业薪酬管理来解决，这也是本专题将要讨论的主要问题。

## 一、薪酬、工资与福利

企业薪酬管理，顾名思义，其对象是员工的薪酬，但是现行法律中并无薪酬的概念。薪酬，作为一个人力资源上的概念，一般是以薪酬管理的搭配出现。与工资相比，薪酬的立足点是企业。薪酬是企业的人力资源使用成本。在薪酬管理的语境下，“薪酬”涵盖了企业因用工而支出的所有成本，包括支付给劳动者的劳动对价、劳动保护与社会保险、劳动者培训费用及福利费等。因此，我们认为薪酬的概念要比工资更为广泛。

“工资”是法律规范中较为常见的概念。我国立法中，对“工资”一词的解释出现在《关于贯彻执行〈中华人民共和国劳动法〉若干问题的意见》（劳部发［1995］309号）中：“劳动法中的‘工资’是指用人单位依据国家有关规定或劳动合同的约定，以货币形式直接支付给本单位劳动者的劳动报酬，一般包括计时工资、计件工资、奖金、津贴和补贴、延长工作时间的工资报酬以及特殊情况下支付的工资等。”实践中，工资也常常被表述为薪金、薪水。我们认为，法律上的“工资”应当具备3个特征：劳动报酬性、劳动关系性以及货币载体，三者缺一不可。

1. 劳动报酬性

劳动报酬性是指工资的获取以劳动者提供劳动为前提，工资数额以劳动者所提供的劳动量为标准。工资的这个属性使之区别于社会保险与福利，后者并不当然与劳动者是否提供劳动以及劳动量相关，而是基于劳动者与用人单位之间存在的劳动合同关系。对于此问题，集团型企业需着重注意的是福利。福利是集团型企业薪酬管理中经常使用的一个概念，也是非常容易出现误区的领域。很多企业认为，区分工资/福利的标准是相关项目是否具有强制性，认为企业可以进行选择性发放的项目即是福利。这种观点被广为接受，但与法律的本意并不相符。根据《财政部关于企业加强职工福利费财务管理的通知》（财企［2009］242号)，企业职工福利费是指企业为职工提供的除职工工资、奖金、津贴、纳入工资总额管理的补贴、职工教育经费、社会保险费和补充养老保险费（年金)、补充医疗保险费及住房公积金以外的福利待遇支出，包括发放给职工或为职工支付的各项现金补贴和非货币性集体福利。文件对企业福利作出了较为详尽的列举式规范，其中就包括一些法律强制的项目，如丧葬补助费、抚恤费等。因此，集团型企业在区分员工福利与工资时，必须严格按照“财企［2009］242号”文件的精神，只能将法定项目的福利费用区别于工资，不可随意扩大。集团型企业明确福利与工资的范围，将会对“同工同酬”的认定以及经济补偿金、经济赔偿金的赔偿基数产生影响。

2. 劳动关系性

劳动关系性是指劳动者获取工资是基于劳动者与用人单位之间存在的劳动合同关系。工资的这个属性使之区别于稿费、讲课费、发明创造奖金等，后者仅以提供相应劳动为前提，不要求提供劳动者与接受劳动者之间存在劳动合同关系。

3. 货币载体

货币载体是指工资必须以法定货币的形式发放，否则劳动者有权拒绝。工资的这个属性使之区别于其他工资性收入，后者不要求法定货币形式，可以实物或是代金券的形式支付。对于集团型企业薪酬管理而言，区分工资与其他工资性收入的意义，一方面在于是否构成拖欠工资的问题，另一方面对经济补偿金的基数也会产生影响。

集团型企业在薪酬管理中需明确“工资”的概念，其意义在于确定自主管理权的范围。《劳动法》中规定，集团型企业自主薪酬管理权的法律客体是“工资”而非“薪酬”。薪酬管理中的其他人力资源成本，诸如社会保险，具有很强的法定性，企业难以干涉。集团型企业薪酬管理要实现合法性诉求，必须明确工资的范围，不可随意扩大。

基于薪酬管理的复杂性，以及“工资”周边概念的庞杂性，集团型企业要实现灵活的薪酬管理，为企业自主管理权留有充足空间，就应该避免形成“铁板一块”的薪酬体系。在具体操作上，首先，需要在劳动合同中对工资与福利、津贴、补贴等项目分别进行规定，并将固定性的工资与浮动性工资予以区分；其次，在规章制度中对浮动性的工资、奖金的考核项目与浮动比例予以明确。通过这种处理，为企业实现薪酬管理的自主权提供用武之地。

## 二、集团型企业薪酬管理的自主权与限制

在市场经济下，作为企业内部事务的薪酬管理，原则上应该由企业自主决定，但由于劳动领域的特殊性，国家对劳动市场采取了较为严格的管理，这一点在薪酬问题上表现得尤为突

出。用人单位，尤其是集团型企业，要合法行使薪酬自主管理权，应当熟知现行法律关于薪酬的相关规定，明确企业在薪酬管理上的自主权以及限制。

《劳动法》第四十七条规定了企业薪酬管理的自主权："用人单位根据本单位的生产经营特点和经济效益，依法自主确定本单位的工资分配方式和工资水平。"根据法条文本，可以得知企业工资分配的自主权主要表现在两个方面，即工资分配方式与工资水平，前者决定了劳动者的工资应该如何计发，后者决定了劳动者工资数额的多少。

通常而言，企业行使薪酬管理自主权主要通过两种方式：与劳动者的合同约定，或是企业规章制度。与劳动者的合同约定要求真实有效，企业规章制度的制定则要求通过民主程序并进行公示。集团型企业在通过劳动合同进行薪酬管理时，需要注意劳动合同的主体应该与实际用工主体一致，以防止因合同主体不适格造成约定无效或是不能适用的问题。（详细论述可参见本书"集团型企业劳动关系确认"专题。）集团型企业通过规章制度进行薪酬管理时，要注意民主程序的主体和公示的范围，并根据集团型企业内部关系的不同而进行有针对性的操作。（详细论述可参见本书"集团型企业规章制度"专题。）

对企业薪酬管理权的限制则散见于《劳动法》（中华人民共和国主席令第二十八号）、《工资支付暂行规定》（劳部发［1994］489 号）以及各地方的工资支付办法/条例。从立法看，我国对企业薪酬管理的权利规范较为笼统，而对限制则较为具体，这也符合私法领域“法不禁止即自由”的原则。集团型企业在行使薪酬管理自主权时，应重点把握法律法规以及地方性规范中关于此问题的相关限制，在薪酬管理中作出合法选择。由于工资问题的复杂性，现在尚未出现全国范围内的立法，各项义务主要体现在地方性规范中，因此集团型企业在跨区域发展过程中，尤其需要注意当地法规以及规范性文件中是否有对薪酬管理问题作出特别规范，以防止在薪酬管理问题上的法律风险。

从当前立法看，集团型企业薪酬管理的义务主要体现在工资数额的确定和工资的发放两个方面。前者包括不低于最低工资、同工同酬及合同约定；后者包括及时、足额及以法定货币形式。

## 三、工资数额的确定

1. 最低工资

在中国，最低工资具有如下3个特征：（1）劳动者在单位时间内提供了正常劳动；（2）最低工资标准由政府直接确定；（3）用人单位支付的劳动报酬不得低于政府规定的标准。集团型企业在处理最低工资问题上，应充分注意各个地方的差异性，这种差异性主要体现在最低工资的扣除项目上。在上海和北京的规定中，最低工资是不包括劳动者个人承担的社保及公积金的，江苏、浙江以及广州、深圳等省市则是包括这一部分的。此外，上海的规定中明确最低工资不包含伙食补贴、上下班交通费补贴以及住房补贴。集团型企业在跨区域经营中，对这些问题应保持足够重视，并根据各地的不同规定及时进行调整。

2. 同工同酬

同工同酬体现着两个价值取向：确保贯彻按劳分配这个大原则，即付出了同等的劳动应得到同等的劳动报酬；防止工资分配中的歧视行为，即要求不因性别、年龄、民族、区域等差别而对劳动者相同的劳动数量和质量给予不同等的劳动报酬。集团型企业在落实“同工同酬”的问题上，首先需要明确“工”以及“酬”的概念及范围。同工同酬是按劳分配机制下的应有之义，因此，我们认为，“工”应当是指劳动者所提供劳动的数量及质量，集团型企业在作“同工”的判断时，应看同岗位的劳动者是否提供了同样的劳动数量和劳动质量，而不仅仅以工作岗位为判断标准；“酬”应当是指劳动报酬，根据上文的分析可知，劳动报酬不包括基于劳动合同关系而存在的福利、社保等项目，集团型企业在履行“同酬”义务时，主要体现在员工基本工资的层面，在目前无法律明确规定的情况下，对于福利项目可不作此要求。

3. 合同约定

集团型企业与劳动者通过合同约定的方式确定工资数额时，需要注意如下问题。其一，此处的合同约定不限于具有“劳动合同”之名的文件，也可表现为备忘录、合同附件等形式。但不论采取何种形式，必须体现双方合意一致的特征，实践中有出现员工的签字被认定为“签收”而非“同意”，集团型企业对这种问题应保持足够警惕。其二，正确处理 Offer Letter（录用通知书）与正式合同之间的关系。实践中，集团型企业在招聘过程中，一般都有签发 Offer Letter 的惯例，之后再签订正式合同。出于各种原因，Offer Letter 的约定与劳动合同的约定可能存在不一致的地方，如何处理这种不一致，是集团型企业应该注意的问题。Offer Letter 的性质为要约，在劳动者接受之后即产生效力，对用人单位与劳动者有约束力，这种约束不以劳动合同的签订而当然无效。一般认为，劳动合同的效力高于 Offer Letter。因此，在二者都有规定但存在差别时，应以劳动合同为准；Offer Letter 和劳动合同是针对不同的问题分别约定的，二者的约定都是有效的，企业不得以劳动合同未约定为由而否认 Offer Letter 的效力。为预防法律风险，降低企业管理的复杂性，集团型企业在处理这个问题时，可在劳动合同中约定效力性条款，如约定“用人单位与劳动者之间以劳动合同为准，之前的所有约定无效”。

## 四、工资的合法发放

1. 工资的及时支付

工资的及时支付同时包含“发放周期”和“发放日期”两个方面。

集团型企业在确定工资支付周期时，应对“全日制用工”与“非全日制用工”进行区别对待——根据中国法律的相关规定，全日制用工至少每月支付一次，非全日制用工则要求最长支付周期不得超过15日。

工资发放日期，集团型企业应当与劳动者进行约定，依据法律规定，遇法定节假日或休息日，应当提前在最近的工作日支付。很多企业认为与员工约定的工资发放日期应当是一个确定的日期，如约定每月的15日为工资发放日。这种约定自然符合法律的要求，但法律并不要求必须是确定的日期，现行法律允许双方约定一个时间段为工资发放日，如约定每月15～17日进行工资发放。这种灵活性的约定不违反法律的规定，实务中也会被仲裁法院所采纳。当然，约定的时间段必须符合合理性的要求。

对于集团型企业而言，在处理工资及时支付的问题上，还需要注意因地方差异而出现的新问题。其一，各地都对工资延时支付的违法排除事由进行了规定，但是规定的具体情形各地存在差异。如上海规定“用人单位无主观恶意，确因客观原因导致计算标准不清楚、有争议而延付的”，这种情况在其他地方不当然认定为合法延付。集团型企业在支付上海以外员工工资时，如因这个原因而产生延付的，在没有当地法规规定的情况下，可能面临一定的法律风险。其二，各地都对工资延付的最长周期以及法定程序进行了规定，但在具体细节上并不一致。如上海规定征得工会或职代会同意后，可以延期1个月支付工资；而深圳则要求最长不得超过 15 日；此外，在深圳延付不超过 5 日的无须经过工会或职工本人的同意。

2. 工资的足额发放

工资足额发放应同时满足两个方面的要求：其一，要求不低于法定标准，即不违反国家关于同工同酬、最低工资、加班工资以及法定津贴补贴的相关规定；其二，必须严格按照双方的约定支付工资，不得随意克扣和减付。

集团型企业在进行工资足额发放时，尤其需要对加班工资的计算予以重点关注。就加班工资问题，目前全国范围内的立法仅仅就计算比例进行了规定，而对加班工资的计算基数则没有作明确的界定，各个地方对此的规定存在很大差异。由于劳动者工资结构较为复杂，如何确定加班工资的计算基数，是集团型企业人力资源管理必须要解决的问题。有观点认为，用人单位可以和劳动者约定加班费的计算基数，实践中也有企业采取这样的做法。我们认为，根据目前各地的规定以及工资立法的本意，约定加班工资的计算基数存在一定的法律风险。综合各地的规定来看，立法趋势是将“正常工作时间工资”作为加班工资的计算基数，这一点在上海及深圳的最近立法文件中得以体现。因此，我们建议，集团型企业可以与劳动者就“正常工作时间工资”予以明确约定，这种约定既可以直接表现在劳动合同中，也可以通过其他书面形式的文件进行。首先，与劳动者约定“正常工作时间工资”

的确切数额；其次，在合同中明确“正常工作时间工资”的概念，并将一些非常规性、风险性、福利性的奖金、津贴补贴等排除在外；最后，可以与劳动者明确约定以“正常工作时间工资”作为加班工资的计算基数。通过这种操作，集团型企业一方面可以实现加班费计发的便捷管理，另一方面也有利于进行跨区域的薪酬管理。

## 五、工资的调整

用人单位是否具有单方调整工资的权利？目前存在两种不同的理解。有观点认为，根据《劳动合同法》的规定，用人单位不能单方调整员工工资。也有观点认为，尽管《劳动合同法》严格要求合同变更必须在协商一致的基础上进行，用人单位仍然具有单方调整工资的权利。

前一种观点认为，《劳动合同法》第三十五条规定：“用人单位与劳动者协商一致，可以变更劳动合同约定的内容。”言下之意，劳动合同的变更必须取得劳动者的同意，而“工资”作为劳动合同的主要内容，对其进行调整自然应该与劳动者协商一致进行。因此，这种观点认为当前立法环境中，用人单位单方调整劳动者工资是没有法律依据的，劳动者可予以拒绝。

根据这种观点，企业薪酬管理将基本陷入困境。因为企业在进行工资调整（工资下调）时，基本上很难取得劳动者的同意。如果坚持认为劳动者的同意是企业调薪的前提，调薪工作在很大程度上将无法开展，企业在薪酬管理上的自主权将无法实现，更不用说通过薪酬管理制度实现企业自主管理权。这一点对于集团型企业来说尤为突出，集团型企业员工数量多，且分散在不同地域，如果要求所有的工资调整都必须征得劳动者的同意，这对于集团型企业而言无疑是个巨大的负担。

我们认为，用人单位进行工资调整并不当然构成劳动合同的变更，因此调整工资并不必须以与劳动者协商一致为前提。企业要将工资调整区别于合同变更，且需要在劳动合同以及企业规章制度上做好相应工作。首先，用人单位与劳动者约定的工资应该具有一定的灵活调整空间，不能“铁板一块”，即约定的劳动者工资中的一些项目具有浮动性和可调整性。其次，劳动合同中要有相关的授权性约定，约定在符合一定条件时，用人单位可以对劳动者工资进行调整。再次，通过民主程序制定对应的规章制度，明确企业调整工资的具体事由以及幅度。当然，规章制度的相关规定应该满足合理性的要求，否则同样可能不被仲裁法院认可。最后，企业在进行工资调整时，应该注意证据的收集与保留，为将来可能出现的纠纷作准备。通过以上的处理，企业进行单方调薪将是根据劳动合同以及企业规定制度的规定行使薪酬管理的自主权，不属于劳动合同的变更，而是劳动合同的正常履行，自然不需要以劳动者同意为前提。

## 六、离职员工的工资发放

离职员工的工资发放必须同时满足及时和足额两个要求。

集团型企业对离职员工发放工资，要在“及时”方面满足合法性的诉求，应该充分注意各个地方的不同规定。一方面，离职工资支付的起算点不尽相同，如上海规定从“办妥手续时”起算，江苏、浙江、广东等地则是从“解除或者终止劳动合同之日”起算。另一方面，关于离职工资支付的宽限期也存在差异。目前存在3种模式：（1）当日支付，不存在宽限期，上海和广东采取这种立法模式。（2）规定了一定的宽限期，如江苏要求“两个工作日内”、浙江要求“5日内”。（3）与上述两种模式都不相同的做法，如深圳规定“支付周期不超过1个月的工资，用人单位应当自劳动关系解除或者终止之日起3个工作日内一次付清；支付周期超过1个月的工资，可以在约定的支付日期支付”。集团型企业针对离职员工支付工资时，需严格按照当地的规定执行。

集团型企业对离职员工发放工资，在“足额”方面的要求主要体现在合理确定离职员工的工资数额。实务中出现的问题主要有两个：其一，员工月中离职，如何计发当月工资？其二，员工年度中辞职，季度奖、年终奖等奖金是否需要发放，如何计发？

对于第一个问题，目前实务中有两种做法。一种是正算，即根据当月员工在岗的工作天数确定应发工资的金额，其公式为“应发工资 = 日工资 × 上班天数”；一种是反算，即根据当月员工未在岗天数确定当月应减发的工资数额，进而确定当月应发工资总额，其公式为“应发工资 = 月工资 - 日工资 × 未上班天数”。根据我国的相关规定，劳动者每月的计薪日为21.75天，这就使得正算和反算的结果出现差异。我们认为，在劳动者月中离职的情形下，应该按照正算的方式确定工资。因为，此时劳动者的工作时间尚未达到一个月，月工资已经失去存在的基础，若再以月工资扣除当月应减付金额就不尽合理。从风险防范的角度，正算这种按日计发工资的方式更值得用人单位采纳。

对于第二个问题，目前各地的处理方式存在很大差异，有些地方已经在立法中明确规定，需要按照实际工作时间与奖金的考核周期予以折算，如深圳规定：“劳动关系解除或者终止时，员工月度奖、季度奖、年终奖等支付周期未满的工资，按照员工实际工作时间折算计发。”集团型企业在处理不同地域的离职员工工资发放时，需对这种规定予以特别重视。

此外，对于上一个考核周期的奖金，如果员工离职时尚未发放的，用人单位应该及时补发，这个问题在年终奖中表现较为突出。相较于中小企业，集团型企业的薪酬设计中都有为数不少的年终奖部分。基于多方面的原因，有的集团型企业将年终奖放在下一年的年初发放，并规定发放时不在册的员工不能享受年终奖。我们认为，这种处理方式是存在很大法律风险的。

年终奖，顾名思义，应该是基于本年度（上年度）整体工作情况而设置的奖项，因此其考核项目应该是本年度（上年度）的相关业绩，而不应该包括下一年度是否在职。即使用人单位明确将发放时在职作为享受年终奖的条件，同样可能因为缺乏合理性而不被仲裁法院采纳，实务中，我们也遇到过用人单位在此种情况下败诉的，集团型企业在处理这个问题时应该慎重。

## 七、小结 & 律师建议

根据以上分析，并结合当前我国法律在工资问题上的相关规定，集团型企业在进行薪酬管理时，需在以下 6 个方面予以注意：

1. 集团型企业与员工签订合同时，如与之前的 Offer Letter 等约定存在不一致的地方，应予以重视，建议在合同中添加条款，排除签订合同之前一切约定的效力。

2. 集团型企业在制定薪酬制度时，应避免形成“铁板一块”，有必要根据工资、福利等员工所得的不同类型予以区分规定。

3. 集团型企业在与员工约定工资时，建议引入“正常工作时间工资”的概念，并与其他风险性、浮动性的奖金相区分，明确“正常工作时间工资”数额，并以此作为加班费的计算基数。

4. 集团型企业在进行薪酬管理时需重视企业规章制度的作

用，对劳动合同中因篇幅限制而未能细化的项目予以进一步明确；集团型企业在制定规章制度时应注意制定的主体以及对于民主程序的要求。

5. 集团型企业在对员工薪酬进行调整时需要有充分的前期工作作为基础，包括授权性的合同条款以及配套的规章制度，以避免因单方调整工资而有违法之嫌。

6. 集团型企业在进行跨区域劳动关系管理中，尤其需要对各地的不同规定予以重视，对法律适用作出合法的选择是集团型企业薪酬管理的基础。

# 专题五：

# 社会保险异地缴纳及移转

一、跨地域社保事务复杂性之成因

二、社会保险的异地缴纳

三、社会保险个人账户移转

四、小结&律师建议

作为跨地域的集团型（关联性）企业，由于其组织架构或业务需要，往往需要在多地同时配置人员；在进行前述操作时，各地的社保事务执行口径往往不甚统一，虽不致大相径庭，但也在很大程度上引起了总部人力资源工作者一定的困惑。在相当多的时候，很多人力资源工作者在进行自我安慰的时候可以说，这就是常说的中国劳动法的地域性特点，但对缘何有此种特点则不甚明了。据此，下面笔者将对跨地域社保相关事务的复杂成因进行初步分析，并对其中的两个经典疑难问题进行解析。

## 一、跨地域社保事务复杂性之成因

### （一）“省级统筹”与“全国统筹”

《社会保险法》于其第八章——社会保险基金——第六十四条第三款中明确规定：“基本养老保险基金逐步实行全国统筹，其他社会保险基金逐步实行省级统筹，具体时间、步骤由国务院规定。”该款中之“逐步”在相当程度上暗示了这样的信息：现行养老保险制度并非全国统筹（如果参阅之前所公布的《社会保险法》的草案，则该条信息甚至是明确的）。结合1998年国务院所颁布之《关于实行企业职工基本养老保险省级统筹和行业统筹移交地方管理有关问题的通知》，可以初步确定，现行养老保险基本是实行省级统筹的。

鉴于上，笔者基本可以推论，中国现行社保体系的设计和操作还是以“省级统筹”为基本框架的。这一框架应该是充分考虑了各地方的经济发展及社保操作现状的，在现阶段具有相当程度的合理性。当然，“全国统筹”仍然是社保体系努力之方向。

那么，作为方向且明订于《社会保险法》中的“全国统筹”处于何种状况呢？根据2010年10月人力资源和社会保障部副部长胡晓义答记者问的相关内容可得知，实现养老保险全国统筹不是一步到位，而是要逐步完善；经人社部及有关部门评估，全国已经有25个省级单位达到了省级统筹的标准，在这个基础上会研究基础养老金全国统筹的方案。养老保险或有望于5年内实现全国统筹。

鉴于上，从某种程度上讲，笔者估测，在一段时期或5年内，全国统筹基金尚不能支撑整个社会保险体系（即使养老保险实现了全国统筹，但其他4种社会保险仍然是省级统筹，毕竟其他社保基金的法定目标就是达到省级统筹），各省级统筹在地方社会保险事务中仍然具有举足轻重的作用。

### （二）“现收现付”与“部分累积”

20世纪80年代初，随着改革开放的推进，企业间养老保险费用负担畸轻畸重的问题凸显出来，实行退休费用社会统筹，改革养老保险制度势在必行。1984 年，全国普遍进行国有企业职工退休费用社会统筹试点，这标志着企业养老保险进入改革探索阶段。在试点的基础上，1991 年，国务院下发了《关于企业职工养老保险制度改革的决定》，即国发［1991］33 号文件。更进一步，1993 年，党的十四届三中全会把社会保障作为市场经济体制的五大支柱之一，提出建立多层次的社会保障体系，实行社会统筹与个人账户相结合的基本制度，以及建立统一的社会保障管理机构，这标志着企业养老保险制度模式初步确立。

在过去的“现收现付”制中，职工无个人缴费部分，其养老保险由企业（某种程度上可谓国家）全额负担；但在目前养老保险制度中，形成了个人账户，保险事务中的“共济”原则有了充分体现。一方面，照顾到了职工的基本需要，并形成了有效的二次分配，统筹社保基金将扮演重要的角色；另一方面，通过个人账户解决了多缴少缴一个样的大锅饭问题，相当大程度上调动了职工参保的积极性。

前述指导思想在实践操作中具体表现为“老人老办法，中人中办法，新人新办法”及“虚账实计”等。

由于“部分累积”制是在原有制度基础上改进形成的，其相当部分的根基乃原来现收现付制度的成果或遗产。这样，部分累积制度的前述理论设计在实践中就面临一定的挑战——突出表现在统筹部分的资金充盈和个人账户的工龄折算上。由于“老人”和“中人”的个人缴费账户并不完全，进而在进行“虚账实计”、“作实工龄”等操作时，会在相当大程度上依赖地方财政；同时，一旦缴费主体（特别是“老人”和“中人”）由低缴费标准区向高缴费标准区移转时，由于仅转移了个人账户，将给承接地（或将来的退休地）的统筹基金造成一定的支出压力。正是基于上述的考虑，相关的社保迁移政策按照户籍地或缴费地形成了一定的划分标准。

### （三）关于社保事务中缴纳操作呈地方性特征的初步结论

鉴于现行社保事务系实行省级统筹，故相关社保费用支付的主要压力相当大程度上集中于地方财政，这就使得各地方在制定自身社保政策的时候不能不考虑当地的经济发展情况，进而因地制宜。表现在缴纳事务上，则是不同的征收机构、费率标准及催缴力度等；表现在支付事务上，则是不同的支付标准、账户移转手续等。

在目前的大环境下，各地的上述种种考虑是具有相当高程度的合理性的，由此，相关集团型企业总部的人力资源工作者如果能够尝试以上述各种角度进行理解，则对地方操作口径不一的现状将会有更全面的把握，由此也可以更好地适应相关操作。

## 二、社会保险的异地缴纳

### （一）从二则案例看社会保险异地缴纳事务

**［案例一］** A公司总部设在北京，其在全国多地设有分支

机构，其中，其在上海设有负责销售事务的B分公司。出于成本及控制策略的考虑，A公司在B分公司并没有设专职人力资源工作者，全部人力资源服务由北京总部提供。就其社会保险缴纳事务，B分公司并没有开立社保账户，而是委托当地的劳务派遣公司为B分公司员工代为缴纳社会保险（人事代理）。此种操作实践自B分公司设立即已经开始，但在《社会保险法》施行后是否可以继续进行，A公司存有一定疑问。

［**案例二**］C公司是注册在上海的一家医药行业公司，主要面向医疗机构提供相关产品，其在我国多个省市自治区设有销售代表处，按区域拓展销售业务。由于销售人员的工作地点相当分散，且C公司在全国境内无法对应相关工作地点设立分公司，故C公司将所有销售人员的劳动合同签订在上海，并在上海缴纳社会保险。现有销售人员提出，可否由其自寻途径在工作地点或户籍所在地缴纳社保。

以上案例都是在集团型企业跨地域实务操作中碰到的典型问题，其实际状态是，是否合规暂且不论，只要监管部门没有质疑企业便会继续操作。事实上，在上述两个案例中，A公司与C公司均存在一定违规之处，但囿于法律法规对某些问题并没有给予明确规定，其某些做法更多遭遇的是合规性的挑战。

## （二）由前述二则案例所引发的具体问题

### 1. 外地分支机构是否应当开立社会保险账户

根据1999年由劳动和社会保障部颁布的《社会保险登记管理暂行办法》的第六条，缴费单位具有异地分支机构的，分支机构一般应当作为独立的缴费单位，向其所在地的社会保险经办机构单独申请办理社会保险登记。同时，结合《劳动合同法实施条例》第四条的相关规定，《劳动合同法》规定的用人单位设立的分支机构，依法取得营业执照或者登记证书的，可以作为用人单位与劳动者订立劳动合同；未依法取得营业执照或者登记证书的，受用人单位委托可以与劳动者订立劳动合同。

回到前述二则案例中，A公司未能为作为独立用工主体的B分公司开立社保账户的行为是不合法的；而C公司的办事处则由于不具备独立用工资格，而不需要开立相关账户。

### 2. 使用某些劳务派遣公司提供的人事代理服务为员工在异地缴纳社保是否可行

在这个问题中，需要明确的是何为“人事代理服务”。

根据《劳动合同法》第五十八条的相关规定，劳务派遣单位是本法所称用人单位，应当履行用人单位对劳动者的义务。因此，如果前述“人事代理服务”是劳务派遣服务的另一种称谓，则在有关员工与劳务派遣公司签订劳动合同的前提下，由相关劳务派遣公司缴纳社会保险是当然合法的。

但是，在实际操作中还可能存在这样的情况：员工的劳动合同仍然是与用人单位签订的，只是社会保险是由劳务派遣公司代缴的，并且缴费单位是劳务派遣公司。这样的“人事代理”就类似于民法中的“隐名代理”，其法律地位于《劳动法》中尚存商榷之处，相当程度上发生了劳动关系与社会保险缴纳关系的分离。依笔者个人意见，如此形成的法律关系只要没有损害国家利益、集体利益和劳动者的利益，也应当予以保护。具体可以参考《最高人民法院关于审理劳动争议案件适用法律若干问题的解释（三）》第八条：企业停薪留职人员、未达到法定退休年龄的内退人员、下岗待岗人员以及企业经营性停产放长假人员，因与新的用人单位发生用工争议，依法向人民法院提起诉讼的，人民法院应当按劳动关系处理。前述规定，对于社会保险关系与实际用工关系（劳动关系）的分离作出了界定，即实际的劳动关系应当获得的保护不应当因为发生了社保缴费关系的分离而有所减损。

回到前述二则案例中，A 公司或 C 公司是可能通过人事代理的方式实现社会保险的异地缴纳的。

3. 是否可以在劳动关系所在地以外的户籍所在地缴纳社保

根据《社会保险法》第五十八条的相关规定，用人单位应当自用工之日起30日内为其职工向社会保险经办机构申请办理社会保险登记。此处所指之“社会保险经办机构”，结合该法第五十七条的规定，应该是指用人单位当地社会保险经办机构。因此，笔者认为，依照立法本意，有关社会保险应当缴纳予员工的用人单位所在地的社会保险机构。

一旦发生缴费分离，对于用人单位的工资总额管理而言，将面临一定的挑战。毕竟根据《社会保险法》第十二条的相关规定，用人单位应当按照国家规定的本单位职工工资总额的比例缴纳基本养老保险费，记入基本养老保险统筹基金。如前所述法律规定，在以工资总额作为缴费基数的情况下，很难将个人缴费部分的对应企业缴费划至其他统筹区域；如果将员工个人缴费基数的对应企业部分划出，则将导致企业并没有依照工资总额足额缴纳社保的法律效果。

当然，不能否认的是，相当多的地方均规定，企业的缴费基数乃是个人缴费基数之和，故将有关企业缴费部分划出，目前完全具有操作的可能性。但是，现行的做法，毕竟是与作为法律的缴纳理念不完全相容的，在政策不明朗的现在，用人单位应当审慎为之。

实际操作中，前述理念可能会受到一些挑战，特别是外来务工人员在非户籍地工作时，出于落叶归根的考虑，他们很有可能会主动要求向户籍所在地缴纳保险。建议有关用人单位审慎考虑，提前向当地的劳动行政部门咨询。在社保制度完全并轨前，在实际操作中，某些地区是存在双重缴纳保险的可能性的。

## 三、社会保险个人账户移转

关于社会保险个人账户的移转问题，随着《社会保险法》的颁布实施，有关移转口径已经出现了相当大程度的变化。下面对此将展开详述。

### （一）在原有概念中，最后参保地的重要性

根据劳动和社会保障部办公厅《关于对户籍不在参保地的人员办理退休手续有关问题的复函》（劳社厅函［2002］190号），参保人员因工作流动在不同地区参保的，不论户籍在何地，其在最后参保地的个人实际缴费年限，与在其他地区工作的实际缴费年限及符合国家规定的视同缴费年限，应合并计算，作为享受基本养老保险金的条件。参保人员达到法定退休年龄时，其退休手续由其最后参保地的劳动保障部门负责办理，并由最后参保地的社会保险经办机构支付养老保险待遇。

笔者认为，这样以最后参保地进行“一刀切”的操作方式，可能会给当地的统筹基金带来一定压力，故后续的相关改进规则增加了衡量标准，使其更趋合理化。

### （二）新概念中的“户籍地”和“10年缴费地”

2010年1月1日起开始实施的《城镇企业职工基本养老保

险关系转移接续暂行办法》则在相当大程度上继承并改进了之前相关法规的做法。

该规定首先明确了个人账户的移转规则：（1）个人账户储存额：1998 年 1 月 1 日之前按个人缴费累计本息计算转移，1998 年 1 月 1 日后按计入个人账户的全部储存额计算转移。（2）统筹基金（单位缴费）：以本人 1998 年 1 月 1 日后各年度实际缴费工资为基数，按 12% 的总和转移，参保缴费不足 1 年的，按实际缴费月数计算转移。

同时，相对地将户籍所在地确定为有关移转操作的分类标准：（1）参保人员返回户籍所在地（指省、自治区、直辖市，下同）就业参保的，户籍所在地的相关社保经办机构应为其及时办理转移接续手续。（2）参保人员未返回户籍所在地就业参保的，由新参保地的社保经办机构为其及时办理转移接续手续。但对男性年满 50 周岁和女性年满 40 周岁的，应在原参保地继续保留基本养老保险关系，同时在新参保地建立临时基本养老保险缴费账户，记录单位和个人全部缴费。参保人员再次跨省流动就业或在新参保地达到待遇领取条件时，将临时基本养老保险缴费账户中的全部缴费本息，转移归集到原参保地或待遇领取地。

如此将导致，如果基本养老关系在户籍所在地的，由户籍所在地负责办理待遇领取手续，享受基本养老保险待遇；如果基本养老关系不在户籍所在地的，将按照以下 3 个标准予以处理：（1）基本养老保险关系不在户籍所在地，而在其基本养老保险关系所在地累计缴费年限满10年的，在该地办理待遇领取手续，享受当地基本养老保险待遇。（2）基本养老保险关系不在户籍所在地，且在其基本养老保险关系所在地累计缴费年限不满10年的，将其基本养老保险关系转回上一个缴费年限满10年的原参保地办理待遇领取手续，享受基本养老保险待遇。（3）基本养老保险关系不在户籍所在地，且在每个参保地的累计缴费年限均不满10年的，将其基本养老保险关系及相应资金归集到户籍所在地，由户籍所在地按规定办理待遇领取手续，享受基本养老保险待遇。

综上，现行的移转流程及确定退休待遇领取地的规定，既充分考虑到了劳动者迁徙的必要，同时又有效平衡了地方的财政负担，是一项卓有成效的制度设计。

## 四、小结 & 律师建议

综合上述分析，笔者认为对于集团型企业的社保缴纳，可参考如下3项原则进行操作：

1. 如果异地分支机构是领取过营业执照的分公司或者是其他具有独立用人单位资格的法律实体，则该分支机构应当设立独立的社会保险账户；反之，如果异地分支机构不具有独立用工主体资格，则其不需要开立独立的社会保险账户。

2. 可通过劳务派遣的方式在异地为员工实现社会保险缴纳；但不直接建立劳动关系的人事代理则存在一定模糊之处，

在实践操作中存在相当的地方性（某全国性的劳务派遣服务机构的某些分支机构提供这样的服务，而某些则并不提供即是典型示例）。

3. 在属地化的管理体系中，直接向所在地的社保部门缴纳社保应当是最合规的。

# 专题六：无固定期限劳动合同签订与管理

一、无固定期限劳动合同签订之法律依据

二、集团型企业无固定期限劳动合同管理之案例解析

三、小结&律师建议

劳动合同是调整劳动关系的基本法律形式，也是确立劳动者与用人单位劳动关系的基本前提，在劳动法当中居于核心地位。《劳动合同法》（中华人民共和国主席令第六十五号）颁布实施后，无固定期限劳动合同注定成为这部法律的争议焦点。《劳动合同法》实施前后用人单位一系列的“变通”行为，引致“辞职门”、“清退门”、“工龄归零门”一时间接踵而来，劳资关系一度紧张。而集团型企业内部母公司、子公司，或总公司、分公司、办事处等关联企业的资产、股权、管理，以及人员调动、借用、派遣关系等错综复杂。基于这一连串复杂的关系，用人单位“各展其能”，采取调整劳动合同制度，变更用工主体等措施，一定程度上改变了与劳动者之间的劳动关系，也在某种程度上规避了无固定期限劳动合同，但随之可能产生的法律风险却值得我们探究。

下面笔者将从实务角度，引入案例来对集团型企业内的无固定期限劳动合同管理作系统分析，并综合实操中容易涉及的法律风险点予以解析，以期能够给用人单位、劳动者以及从事劳动法业务的法律工作者提供一些实务参考。

## 一、无固定期限劳动合同签订之法律依据

《劳动合同法》（中华人民共和国主席令第六十五号）第十四条规定：

“无固定期限劳动合同，是指用人单位与劳动者约定无确定终止时间的劳动合同。

“用人单位与劳动者协商一致，可以订立无固定期限劳动合同。有下列情形之一，劳动者提出或者同意续订、订立劳动合同的，除劳动者提出订立固定期限劳动合同外，应当订立无固定期限劳动合同：

“（一）劳动者在该用人单位连续工作满十年的；

“（二）用人单位初次实行劳动合同制度或者国有企业改制重新订立劳动合同时，劳动者在该用人单位连续工作满十年且距法定退休年龄不足十年的；

“（三）连续订立二次固定期限劳动合同，且劳动者没有本法第三十九条和第四十条第一项、第二项规定的情形，续订劳动合同的。

“用人单位自用工之日起满一年不与劳动者订立书面劳动合同的，视为用人单位与劳动者已订立无固定期限劳动合同。”

## 二、集团型企业无固定期限劳动合同管理之案例解析

### （一）不同用工主体与员工交替签订劳动合同，可致其工龄中断，从而可有效规避无固定期限劳动合同？

1. 案例介绍

1999年9月23日，陈先生到上海某集团公司旗下的日化企业工作，担任其部门经理，工资发放形式为银行转账。陈先生最后一次与该企业签订劳动合同的期限是：自2006年9月21日起至2008年9月20日止。

在2008年8月7日，陈先生与该集团公司旗下的某医药企业签订了为期二年的劳动合同，期限自2008年8月7日起至2010年8月6日止。当天，陈先生与该医药企业又签订了一份岗位协议，签订该协议时，陈先生的工作岗位、地点并未发生变化，并且，陈先生领取工资的账号仍与其在某日化企业的相同。而且，让陈先生签协议的仍是日化企业的人事主管，所以陈先生还以为是续签。到2010年7月28日，医药企业为陈先生出具了劳动合同到期公告书，明确告知陈先生，该企业决定在与陈先生的劳动协议到期后将不再续签。

对此，陈先生认为，日化企业与医药企业两家企业属于上海某集团公司旗下的关联企业，其工作内容、工作地点均相同，而且两家企业使用一个账号为其发放工资。因此，应视为一家

企业，陈先生已在该企业连续工作 10 多年，企业应当与其签订无固定期限的劳动协议，遂提起仲裁，后诉至法院。

医药企业认为，医药企业与日化企业是两个独立法人的企业，各自具备独立的用工主体资格，不应当同一而论，该企业无义务承担陈先生在日化企业的工龄，且医药企业有权根据双方的合同约定来依法终止双方的劳动关系，并支付其两年的经济补偿金。

2. 法院判决

医药企业与日化企业属于关联企业，且两家企业均无证据证明劳动合同主体的变更是劳动者本人的原因造成的，陈先生在该企业的实际工作年限已经满 10 年，而医药企业未与陈先生签订无固定期限的劳动合同，所以视为双方之间已经存在无固定期限劳动合同，劳动协议到期终止公告书无效，双方继续履行劳动合同。

3. 案例解析

第一，本案例是有关规避《中华人民共和国劳动合同法》第十四条中关于用人单位与劳动者签订无固定期限劳动合同规定的典型案例。争议的焦点实质是，对于劳动者先后在两家关联企业工作，如何看待用人单位利用关联企业的独立法人地位交替变换用人单位名称与劳动者签订的不同劳动合同的效力，以及劳动者的工作年限是否因此而中断。因此，本案中陈先生的工作年限的认定至关重要。

第二，实际上，本案例中的日化企业和医药企业的资产也未清算划分，且两家企业的资产中均包括上海某集团公司的出资，据调查，该集团公司在两家企业中的出资额比例达到80%以上，所以表明两家企业都属于上海某集团公司旗下的关联企业。关联企业最大的特点是，具有独立法人资格，且作为法律上平等民事主体的企业间存在组织上的控制和被控制关系。关联企业一般是指直接或间接地控制其他企业或受其他企业控制，以及同受某一企业控制的两个或多个企业（例如，母公司、子公司、受同一母公司控制的子公司之间）。我国《公司法》（中华人民共和国主席令第四十二号）第二百一十七条也对关联关系作了法律上的界定，关联关系是指公司控股股东、实际控制人、董事、监事、高级管理人员与其直接或间接控制的企业之间的关系，以及可能导致公司利益转移的其他关系。据此，本案例中的医药企业与日化企业最终被认定为关联企业。

第三，自1999年9月起陈先生到日化企业入职，一直到2010年7月，医药企业为其出具劳动协议到期终止公告书，陈先生的工作岗位、工作地点和工资发放等始终都没有发生变化，且陈先生与日化企业签订的最后一份劳动合同应于2008年9月20日到期，而2008年8月即该劳动合同到期终止前，关联企业医药企业就与陈先生签订了新的为期二年的劳动合同。终止原合同和签订新合同时，日化企业以及医药企业均未告知陈先生相应的权利、义务，也没有解决经济补偿金等事项。而且，无证据证明本次用人单位主体变更是属于劳动者本人的原因造成的。根据《劳动合同法实施条例》（中华人民共和国国务院令第535号）第十条的规定：“劳动者非因本人原因从原用人单位被安排到新用人单位工作的，劳动者在原用人单位的工作年限合并计算为新用人单位的工作年限。原用人单位已经向劳动者支付经济补偿的，新用人单位在依法解除、终止劳动合同计算支付经济补偿的工作年限时，不再计算劳动者在原用人单位的工作年限。”据此，法院认定陈先生从日化企业到后来的医药企业工作，均非由自己的意志决定，而是被动接受集团公司旗下的关联公司的安排。医药企业应当承继陈先生在日化企业连续工作的工龄。

第四，实践中，出现本案例争议的焦点问题的原因是多方面的。一方面，用人单位可能会因为客观的实际需要或员工自身的发展诉求而主动或被动调整员工的工作。另一方面，也有部分公司为了达到逃避法律责任，中断劳动者连续工龄，减少对劳动者经济补偿金等相关款项的支出的目的，故意在未办理相关离职手续和支付补偿金的情况下恶意将劳动者安排至其关联公司工作。当发生劳动争议时，劳动者先后工作过的两家公司往往以自己是独立法人单位为由，否认劳动者在两家关联公司的工龄应该连续计算。通常，前一家公司以诉讼时效作为抗辩理由，后一家公司也否认前一家公司的相关义务应由其承担。

第五，无论是客观原因还是主观因素造成的关于本案例的争议，在仲裁委员会、法院审理此类劳动争议问题时，一般都会考虑以下两个因素：

（1）劳动者先后工作过的企业是否为关联企业

一般来说，劳动者先后到两家不同的企业工作，应由各用人单位分别承担其相应的法律义务，但是关联企业虽然名义上，是法律上相互独立、地位上相互平等的主体，而实际上关联人通过股权控制等多种制度安排，控制了另一企业的运行，包括安排员工的管理和调整。因此，关联企业对员工的利益攫取便有了可乘之机。实践中大量存在的情况是，用人单位调整劳动者服务工作的企业时，并未主动提出解决相关问题。由于劳动者接受企业在工作上的管理和支配，处于相对的弱势地位，且劳动者考虑到前后两家用人单位为关联企业这一因素，一般对此问题并未细究，最终导致争议的发生。集团型企业在实务操作中，如果关联企业仅仅在形式上交替变更用工主体，但实际上劳动者的任何相关工作内容、工作地点等均保持不变，司法机关一旦认定企业间属于关联关系，且企业无法提供相反证据，则很可能被最终认定为恶意规避法律行为而判其解除劳动合同的行为无效。

（2）劳动者的工作调整是否由其主观意志决定

用人单位与劳动者实际上是管理与被管理、支配与被支配的关系。劳动者在工作中需要遵守用人单位的规章制度，接受用人单位的劳动管理和工作安排。因此，关联企业在调整劳动者的工作时，劳动者往往是处于被动接受的状态，并不能由自己决定新、旧职位的变更与否。但是由劳动者主动追求而引致的工作调整，则应另当别论。在此情形下，关联企业中员工工龄及经济补偿金的计算等问题与先后在普通的两家企业中工作相同。即由于是劳动者自身原因离开前一家企业，则后一家企业不应承继前一家企业作为用人单位应尽的法律义务，但举证责任由企业本身承担。

第六，综上所述，本案例中企业的行为，事实上是期望通过关联企业的独立法人地位，片面解读劳动部办公厅对《关于如何理解“同一用人单位连续工作时间”和“本单位工作年限”的请示》（沪劳保字［1996］18号）的复函中的规定：“‘同一用人单位连续工作时间’是指劳动者与同一用人单位保持劳动关系的时间。”利用关联关系交替签订劳动合同，规避“同一用人单位”，形式上中断了劳动者的工作年限，最终由企业承担了违法后果。

此案例也可以为其他集团型企业无固定期限劳动合同的实务管理提供警示，形式上的规避行为，存在相应的法律风险。部分地区针对实务中的大量规避行为，已经订立相关规定，如广东省高级人民法院、广东省劳动争议仲裁委员会联合下发的《关于适用〈劳动争议调解仲裁法〉、〈劳动合同法〉若干问题的指导意见》（粤高法发［2008］13号）第二十二条规定：“用人单位恶意规避《劳动合同法》第十四条的下列行为，应认定为无效行为，劳动者的工作年限和订立固定期限劳动合同的次数仍应连续计算：（1）为使劳动者‘工龄归零’，迫使劳动者辞职后重新与其签订劳动合同的；（2）通过设立关联企业，在与劳动者签订合同时交替变换用人单位名称的；（3）通过非法劳务派遣的；（4）其他明显违反诚信和公平原则的规避行为。”

### （二）集团型企业无固定期限劳动合同管理之相关实务解析

除了上述案例中关联企业交替变换用工主体，中断劳动者工龄外，实务中，集团型企业常用的规避签订无固定期限劳动合同方式还包括如下几类，但基于企业间属于关联企业的本质，实务中操作稍有不慎，就很可能被认定为恶意规避法律规定而无效：

#### 1. 双方约定“买断工龄”是否可以规避连续10年签订无固定期限劳动合同？

大型集团型企业中老员工所占比例较大，有些企业为了规避连续10年签订无固定期限劳动合同的风险，竟与连续工作年限即将达到或超过10年的劳动者签订“买断工龄”协议书，对劳动者之前的工作年限进行“买断”，向劳动者支付相应的经济补偿金。同时，在协议书中约定重新签订劳动合同后，之前的工龄不予以连续计算，双方不存在任何争议。

笔者认为，《劳动合同法》第十四条规定中的“连续工作满10年”是一个客观事实，只要劳动者一直不间断地在该用人单位为其提供劳动，即符合该条件。用人单位与劳动者签订协议“买断工龄”后，劳动者仍继续为该用人单位提供劳动的，其工作年限仍会一直连续计算，协议书中约定“买断”之前的工龄不予以连续计算违反法律规定，属于无效条款，当劳动者连续工作年限达到10年以上的，用人单位同样负有签订无固定期限劳动合同的义务。

### 2. 集团型企业中劳动合同履行地与用人单位所在地不一致时，劳动争议仲裁诉讼管辖究竟如何确定?

同一个劳动争议案件，在不同地区进行仲裁和诉讼，由于各地的劳动法相关规定的地域性差别，可能就会出现不同的结果。如何适用法律问题以及劳动争议发生后的仲裁诉讼管辖问题，正是目前跨区域经营的集团型企业员工关系管理的两大难题。针对此，《劳动部关于劳动争议案件管辖范围的复函》（劳部发［1995］209号）规定：“根据方便职工的原则，对该类（指用人单位所在地和员工的工资关系地不在一个地方的情况）争议的管辖问题，可以比照《中华人民共和国民事诉讼法》有关规定，按因履行合同发生的纠纷由合同签订地或履行地人民法院管辖的原则，由劳动合同履行地的劳动争议仲裁委员会管辖，也可以由劳动关系双方当事人在劳动合同有关仲裁条款中约定的劳动争议仲裁委员会管辖。”《最高人民法院关于审理劳动争议案件适用法律若干问题的解释》（法释［2001］14号）第八条规定：“劳动争议案件由用人单位所在地或者劳动合同履行地的基层人民法院管辖。劳动合同履行地不明确的，由用人单位所在地的基层人民法院管辖。”

3. 集团内的关联企业员工“连续”工作年限由员工“主动”中断或企业要求员工辞职再聘用到集团旗下其他公司规避无固定期限劳动合同是否可行?

实践中一般表现为用人单位要求劳动者先辞职，过一段时间再入职，或者在劳动合同到期后终止劳动合同，过一段时间再聘用，让连续工作年限和连续两次固定期限劳动合同发生“中断”，规避签订无固定期限劳动合同等。

由于《劳动合同法》对“连续”二字的含义没有作出具体规定，各地实务操作中对“连续两次”具体是指第二次还是第三次签订劳动合同规定不一，导致了实践中各种“辞职”事件层出不穷。

如有证据证明用人单位为使劳动者“工龄归零”，迫使劳动者辞职后重新与其签订劳动合同的，将很可能被最终认定为恶意规避《劳动合同法》的规定而无效，劳动者的工作年限和订立固定期限劳动合同的次数仍应连续计算。

为了堵住这个漏洞，有一些省市已经出台了地方性的指导意见，以对此进行约束：比如，广东省高级人民法院、广东省劳动争议仲裁委员会联合下发的《关于适用〈劳动争议调解仲裁法〉、〈劳动合同法〉若干问题的指导意见》（粤高法发［2008］13号）第二十二条规定：“用人单位恶意规避《劳动合同法》第十四条的下列行为，应认定为无效行为，劳动者的工作年限和订立固定期限劳动合同的次数仍应连续计算：（一）为使劳动者‘工龄归零’，迫使劳动者辞职后重新与其签订劳动合同的。”《深圳经济特区和谐劳动关系促进条例》第二十四条规定：“用人单位与劳动者解除或者终止劳动合同，在六个月内重新订立劳动合同的，除因劳动者违反《中华人民共和国劳动合同法》第三十九条规定被用人单位解除劳动合同外，劳动者在本单位的工作年限应当连续计算。”

### 4. 员工符合签订无固定期限劳动合同条件时，用人单位让劳动者提出订立固定期限劳动合同有用吗?

实务中，部分用人单位在劳动者符合签订无固定期限劳动合同条件时，利用“除劳动者提出订立固定期限劳动合同外”这个规定，由劳动者提出订立固定期限劳动合同，从而不与劳动者签订无固定期限劳动合同。

实质上严格从法条来分析，劳动者在符合签订无固定期限劳动合同的前提下，即使同意并与用人单位签订了固定期限劳动合同，但是当此份劳动合同到期后，仍旧符合签订无固定期限劳动合同的条件，则只要劳动者提出或者同意续订劳动合同，用人单位就不能终止劳动合同，仍负有与劳动者订立无固定期限劳动合同之义务。

但是，目前的司法实践中，上海对此的规定比较特殊，根据上海市高级人民法院《关于适用〈劳动合同法〉若干问题的意见》的相关规定，劳动者符合签订无固定期限劳动合同的条件，但与用人单位签订固定期限劳动合同的，根据《劳动合同法》第十四条及《劳动合同法实施条例》（中华人民共和国国务院令第535号）第十一条的规定，该固定期限劳动合同对双方当事人具有约束力。合同期满时，该合同自然终止。

### 5. 通过劳务派遣公司派遣用工，即不存在无固定期限劳动合同风险？

劳务派遣的特点是，劳动力雇用与劳动力使用相分离，为“有关系没劳动，有劳动没关系”的特殊用工方式。由于缺乏有力的监管，加上国家没有成文的劳务派遣法律法规对此进行规范，《劳动合同法》第五十八条规定了劳务派遣单位应当与被派遣劳动者订立二年以上的固定期限劳动合同。但没有规定劳务派遣单位与劳动者签订了两次二年以上固定期限劳动合同后，可否签订无固定期限劳动合同。

有观点认为：规定劳务派遣单位与被派遣员工签订二年以上的固定期限劳动合同，即免除了派遣单位与被派遣员工签订无固定期限劳动合同的义务。如果应当签订无固定期限劳动合同，将与劳务派遣应当在临时性、辅助性和替代性的工作岗位上实施的规定产生矛盾。

实务中有部分企业即认同此点，希望采用劳务派遣这一用工形式，来规避无固定期限劳动合同风险。例如，在企业与劳动者签订的劳动合同到期后，告知劳动者先与某劳务派遣公司签订劳动合同，再由劳务派遣公司派遣其到原公司工作，一般还保持其工作岗位、工资待遇等条件不变。如果劳动者连续工龄已满10年或者已连续签订两次固定期限劳动合同，则企业会以劳动者属于派遣公司员工，和企业间属于劳务关系，不符合签订无固定期限劳动合同的条件，予以拒绝。如劳动者不同意与劳务派遣公司签订劳动合同，即到期终止其劳动合同，以避免使劳动者符合签订无固定期限劳动合同的条件。

笔者认为，《劳动合同法》规定了劳务派遣必须具备三性：临时性、辅助性或者替代性，其他岗位使用派遣用工，超出了法律限定的范围。而且，派遣单位亦属于用人单位，应当履行法定的用人单位义务，其中包括签订无固定期限劳动合同的义务。而且劳动争议中，实际用工单位与派遣公司承担连带责任，实务中派遣公司也均通过订立派遣协议的方式将其应当承担的相应义务转嫁给实际用工单位，企业欲完全通过劳务派遣，从形式上规避签订无固定期限劳动合同，存在一定的法律风险。

### 6. 关联公司“内部派遣”，劳动合同主体与实际用人单位不一致，签订无固定期限劳动合同的责任应由谁承担？

关联公司“内部派遣”通常是劳动者与关联公司中的一家公司签订劳动合同后，在劳动合同履行期内被派到相关联的另一家公司工作的情形。在这种情形下，法律认为签订劳动合同为用人单位，劳动者实际工作的单位为实际用工单位。在这种情况下，劳动合同期满后，劳动者如果具备签订无固定期限劳动合同的条件，那么到底应当由谁来履行与劳动者签订劳动合同的义务呢?

笔者认为，应当由用人单位与劳动者签订劳动合同。理由在于，“内部派遣”从实质上讲也是一种劳务派遣，是劳动合同双方当事人履行劳动合同内容的一种形式，而不是劳动合同主体关系的变化，劳动者在身份关系上仍隶属于用人单位。

签订无固定期限劳动合同是以先前劳动合同已履行为基础的，是原劳动合同主体之间的权利和义务，所以，在关联公司“内部派遣”，劳动合同主体与实际用人单位不一致的，应当由用人单位与劳动者签订无固定期限劳动合同。

经劳动者同意，原用人单位与实际用人单位约定由实际用人单位与劳动者签订无固定期限劳动合同的，属于劳动合同主体的变更，也应当是能得到法律支持的。

劳动关系存在的证据可以表现为两个方面：一方面，即劳动者和用人单位之间具有人身属性的证据，最主要的是劳动合同等；另一方面，即对劳动关系进行记录的辅助性文件，主要指上岗协议书、档案、社保、工资发放记录等证据。如果这两方面表现不一致，各地对此有不同的规定。比如，《上海市劳动合同条例》第二十五条规定：“签订劳动合同的用人单位和实际使用劳动者的单位不一致的，用人单位可以与实际使用劳动者的单位约定，由实际使用劳动者的单位承担或者部分承担对劳动者的义务。实际使用劳动者的单位未按照约定承担对劳动者的义务的，用人单位应当承担对劳动者的义务。”

7. 仅在履行劳动合同的过程中对期限进行变更，而非“订立”劳动合同，是否可规避“连续订立两次固定期限劳动合同”?

实务中，部分企业通过与劳动者签订劳动合同变更协议的方式对劳动合同期限予以变更加以延长，即通过对劳动合同进行变更来规避“续订”劳动合同，或者在劳动合同中约定劳动合同到期后双方如无异议则自动顺延，避免“订立”过程，从而企图避免连续订立二次固定期限劳动合同后会面临签订无固定期限劳动合同的风险。但此种处理方式，因直接涉及变更劳动者的合同期限，很可能被司法机关认定为“以合法形式掩盖非法目的”，因属规避法律规定的行为而无效，仍属于连续订立固定期限劳动合同。

## 三、小结 & 律师建议

从短期来看，无固定期限劳动合同可能会给大型集团型企业带来一定的影响和不小的挑战，但是其不利影响并非不可避免，也并非只能采用不恰当的方式来规避。

笔者结合实务案例，从以下四个方面给用人单位提出建议：

第一，企业招聘员工要重视岗位的合理配置和实现人岗相匹配。企业要认真行使选人、用人的权利。首先，招聘前进行岗位需求分析，因需设岗，清楚地设定相应工作岗位的任职资格和工作内容。其次，招聘过程中要进行严格筛选，采用科学合理的方法，努力做到人岗的合理匹配。最后，要注意多采用扁平化结构，部门要少而精，人员要精干。人浮于事，一是内耗高；二是企业管理成本高。

第二，企业应当健全有效的规章制度，编制科学合理的绩效考核体系与薪酬体系。绩效考核指标的制定要基于清晰明确的岗位说明书，让员工心里清楚自己的工作职责和工作要求是什么；绩效目标的确立要与员工进行沟通并要求员工确认，以证明劳动者已对目标了解并认可；绩效指标要可量化，尽量避免使用抽象指标。用人单位应合理行使《劳动合同法》赋予企业制定企业“法律”的权利，以减小劳动者随意解除劳动合同的可能性。而且，规章制度可以将员工违规、达标的具体标准合理细化，一旦员工出现不利于企业的行为，利用规章制度来解除劳动合同，即可降低无固定期限劳动合同对企业的压力。

第三，对员工进行分类管理。对岗位和员工进行评估和分类，在合法的前提下，与不同的员工签订不同类型和期限的劳动合同，以最大限度地发挥无固定期限劳动合同的作用，同时有效地消除一些负面效应。这主要可分以下三种情况对待：

（1）对于具有不可替代性的关键员工、有特殊贡献的员工，或者工作保密性强、技术复杂、工作又需要保持人员稳定的岗位上的员工，应与其签订无固定期限劳动合同。这样，可以有利于减少频繁更换关键岗位的关键人员而给企业带来损失，既维护了企业自身的经济利益，劳动者也可以获得职业的长期稳定，由此也容易具有较强的企业归属感。

（2）对于表现一般，需要更多考察时间的员工，企业若不想与之过早签订无固定期限劳动合同，则可根据员工以及岗位的具体情况灵活与之确定适宜长度的固定期限的劳动合同，并做好劳动合同的及时终止与解除。

（3）对于临时性的，替代性强的不适合签订无固定期限劳动合同的岗位上的员工，企业可以合法而适当地采用劳务派遣或非全日制用工的方式，从而最大限度地实现灵活用工，降低内部管理的成本。

（4）对于有明确阶段性的岗位上的员工，企业应充分利用好以完成一定工作任务为劳动期限的劳动合同这一用工形式。如果任务完成，则合同到期自然终止，用人单位也不需要向劳动者支付经济补偿金。

第四，重视合同管理工作。在无固定期限劳动合同的条件下，与聘用员工签订劳动合同时，要合理地设计合同文本，使之既能结合企业发展的实际，又能适应长期使用劳动者的需要，例如对劳动者的工作内容、工作地点、劳动报酬等进行特别设计等。

不可否认，集团型企业内部母公司、子公司，或总公司、分公司、办事处等组织机构很复杂，更可能分布于不同的区域或者跨产业经营，关联企业间的资产关系、股权关系、管理关系，以及人员的调动、借用、派遣关系等错综复杂，而这一连串错综复杂的关系必然使员工关系管理面临巨大的挑战！但作为行业标杆性的集团型企业，合法性以及合规性的诉求，决定了企业必须利用合理的管理制度创造危机生存的竞争机制，尽快与《劳动合同法》所设计的新制度接轨，建立和完善对无固定期限劳动合同的管理机制，合理合法有效地做好无固定期限劳动合同管理，且最终能有效解决这些问题，甚至化弊为利，以增强企业的凝聚力，增强员工对用人单位的认同感，构建和谐稳定的劳动关系。

# 专题七：培训

一、培训费

二、服务期的履行

在市场经济时代，集团经济的规模化发展已成为一大趋势，而集团型（关联性）企业内部人才资源的分享也是集团型（关联性）企业的竞争优势之一。根据笔者对部分集团型（关联性）企业的调查以及日常所遇到的各类案例，集团型（关联性）企业在给本集团的员工进行培训及约定服务期等方面，不仅有与一般企业相同的问题和困惑，也存在一定的特殊性，例如在培训费的分担、服务期的履行等方面。针对集团型（关联性）企业在培训中所遇到的特殊问题，下面将结合实际案例，逐一进行分析。

## 一、培训费

据笔者针对集团型（关联性）企业内部调遣员工培训的调查显示，一半以上的集团型（关联性）企业都存在由集团公司或总公司先行垫付培训费用的情况，事后大部分企业将进行内部结算并有相关结算凭证，但仍有一部分企业则直接将培训成本纳入集团公司或总公司的成本，或者即使进行结算也没有单独的结算凭证。集团型（关联性）企业的这一特性，在实践中也是极易引发争议的。

1. 案例介绍

A 公司是一家总部位于北京的外资公司，在国内各大主要城市均设有子公司或分公司。2008 年 3 月份，A 公司通过校园招聘，从全国各地的大学校园中招聘了近 50 名优秀的大学毕业生，并将他们分派到下属各子公司、分公司工作；在所聘大学生正式工作前，A 公司准备在北京总公司对这批招聘的大学生进行为期半年左右的培训。2008 年 7 月份左右，这批大学生先后与各子公司或分公司签订了劳动合同及培训协议，在培训协议中约定，各子公司或分公司将为这批学生提供为期半年的培训，而培训结束后，这些学生必须为各子公司或分公司服务 3 年。

李某是这批学生中的一员，2008 年 7 月 5 日，他与 A 公司在上海设立的子公司签订了劳动合同及培训协议，2008 年 9 月 1 日，李某与其他 49 名学生一起到达 A 公司的北京总部，开始了为期 5 个多月的培训。2009 年 2 月 15 日，培训结束，其后李某于 2009 年 3 月 1 日正式回上海子公司报到并工作。根据李某与上海子公司签订的培训协议，李某应为上海子公司服务 3 年，即至 2012 年 2 月 28 日止。然而，在 2010 年 3 月份，李某以个人事业发展及家庭情况为由向上海子公司提出了辞职申请，上海子公司也同意了李某的辞职，但因其未服务满 3 年，故应在离职前，按比例返还相应的培训费用。上海子公司根据培训协议的约定，将李某在 A 公司进行培训期间的相关费用清单发送给李某，要求李某进行赔付，清单中包括了李某在北京培训期间的住宿费、交通费、生活津贴、课程费以及上海子公司应支付给A公司的代培费等。李某表示清单中除交通费外的其他费用均系A公司支付，上海子公司并未实际出资，而且代培费是两家公司自己说了算的，想给多少就给多少，两家公司可以恶意串通抬高代培费，所以他不应返还代培费给上海子公司，而他与A公司也没有服务期的约定，所以培训协议中有关赔偿的条款无效。鉴于李某不同意返还培训费，上海子公司遂诉至仲裁，要求李某按比例返还该笔培训费。

经庭审查明，双方认可A公司系上海子公司的母公司，李某确实在A公司接受了为期半年左右的培训，相关的费用中住宿费、生活津贴及课程费系A公司统一代为支付，上海子公司未与A公司进行结算，交通费系上海子公司实报实销，培训协议中所约定的上海子公司应支付给A公司的代培费暂未支付。上海子公司认为，A公司为其母公司，其实也就是一家单位，A公司支付的费用也应作为上海子公司的支出。

鉴于此，仲裁庭认定，双方对培训的事实均无异议，培训协议中也对培训费进行了约定，应属于合法有效。但这些费用中，除交通费外其他均非上海子公司支付或应付实际仍未支付，故不属于上海子公司的实际出资，虽然A公司与上海子公司具有一定的关联性，但并不属于同一家用人单位，故对此部分费用未予支持，裁决李某应按比例返还上海子公司相应的交通费部分。

上海子公司不服仲裁裁决，遂诉至法院。在法院审理期间，上海子公司与A公司就相关培训费用，包括住宿费、生活津贴、课程费及代培费等进行了结算，并向法院提交了支付凭证。最终法院认定，根据双方所签培训协议的约定，住宿费、交通费、生活津贴、课程费及代培费等均属于培训费用的一部分，亦符合《劳动合同法》的相关规定，其中代培费在双方签订培训协议时就已明确约定，李某也表示认可并接受，虽然上海子公司之前并非实际支付，但A公司作为母公司实际支付了该笔费用，李某也从中受益，并接受了培训。同时，上海子公司与A公司也就相关费用进行了实际结算，因此李某应当返还相应的培训费。

2. 案例评析

本案例中上海子公司与李某对于培训的事实均无异议，双方争议的焦点在于，所谓的培训费用是否属于上海子公司的实际支出，哪些部分应当返还。

《中华人民共和国劳动合同法实施条例》（中华人民共和国国务院令第535号，以下简称《实施条例》）第十六条规定："所谓的专项培训费用，包括用人单位为了对劳动者进行专业技术培训而支付的有凭证的培训费用、培训期间的差旅费用以及因培训产生的用于该劳动者的其他直接费用。"仔细解读此条款，可知在认定哪些属于培训费用时最关键的原则是看是否因培训而产生。换句话说，如果没有培训，就不会产生培训费用。因而，培训费应当包括由用人单位全部承担或部分承担的因培训而发生的各种学杂费、往返交通费、住宿费、服装费、参观考察费以及在外期间的生活补贴等费用。而对于这些费用，《实施条例》亦强调必须“有凭证”，即已实际支付，且用人单位需提供支付了相关培训费用的财务凭证，如发票、汇款单等。

本案例在仲裁庭的裁决中，除交通费外，其他并没有得到支持，因为仲裁庭认定上海子公司并未实际支付。虽然支付该笔费用的A公司与上海子公司具有关联关系，A公司还是上海子公司的母公司，但毕竟属于不同的法人实体及不同的用人单位，A公司的支出并不能必然等同于上海子公司的实际支付，除非上海子公司返还了该笔费用。所以，仲裁庭未支持该笔费用不无道理。最终法院认定，李某应当返还培训费，也是建立在上海子公司与A公司进行了实际结算的基础上的。

同时，本案例中还有一个值得留意的地方，即李某曾指出上海子公司支付给A公司的所谓的代培费可以由两家公司任意约定金额，这对劳动者来说不公平，两家公司可以恶意抬高这部分费用，对此法院并未采纳李某的观点，因为双方在培训协议中对此早有约定，李某在协议上也签字认可了，故这一项抗辩理由不能成立。

3. 小结 & 律师建议

由于《劳动合同法》（中华人民共和国主席令第六十五号）第二十二条规定，劳动者违反服务期约定，应按照协议约定向用人单位支付违约金，违约金数额不得超过用人单位提供的培训费用，并应按照服务期尚未履行的部分分摊。因此，培训费的认定在处理此类争议案件中至关重要。对于集团型（关联性）企业而言，互相代为支付培训费也属于集团内部惯例或者统一培养人才的需要，但企业管理理念还是应当时刻与法律的要求保持一致，才能做到事半功倍。

根据上述案例，对于集团型（关联性）企业，笔者有以下3点建议：

（1）理清账务，适时结算

很多集团型（关联性）企业通常会将员工派到总部或其他兄弟公司参加培训，而由于隶属于同一集团，往往一些培训费用，例如住宿费、生活费等，由当地公司代为支付，事后并未及时结算。但是，正如上述分析，集团型公司或者关联性公司都是独立法人主体和不同的用人单位，两家公司的出资不能混同，因此要做到“员工为谁服务，费用就应由谁支出”，应理清账务，适时结算。

（2）事先约定培训费用

虽然《中华人民共和国劳动合同法实施条例》中规定了培训费用的范围，但相关叙述比较笼统，而实践操作中情况却纷繁复杂，每次具体的培训都可能出现不同名目的费用项目，也容易因此产生争议，尤其是对于关联公司之间相互支付的相关费用。因此，笔者建议企业在与员工签订的培训协议中要明确约定培训费所包含的项目，尤其是关联公司之间相互支付的相关费用，当然这部分费用也应当具有合理性。对于具体金额，如无法确定可以约定“以实际发生为准”，待培训结束之后，明确核算相关费用，双方当事人并再次确认，以防发生争议。

（3）保留支付凭证

对于培训费用，除了尽可能作出明确约定以外，还需注意保存好培训费用的支付或结算凭证。对于集团型（关联性）企业，如果存在费用结算的情况，建议就培训费用单独进行结算，或者在支付凭证中明确结算的项目，否则，如与其他费用一并结算或未明确结算项目，同样很难证明所支付或结算的款项是否属于培训费用。

## 二、服务期的履行

1. 案例介绍

2008 年 2 月 5 日，B 集团公司（位于上海）因下属公司的业务发展需求，出资派遣吴某等 5 名员工至法国总部接受为期两个月的培训，双方签订了培训协议。协议中约定，在培训结束后，吴某等人需为 B 集团公司服务 3 年，而且由于此次培训是因 B 集团的下属公司业务发展的需要进行的，故在此 3 年的服务期内，B 集团公司可以将吴某等人派至 B 公司下属的各子公司或分公司工作，吴某等人对此应当同意，否则将作为违反服务期处理。2008 年 4 月底，吴某等人结束法国之行后回 B 集团公司工作。2008 年 6 月份，B 集团公司向吴某提出，因其下属杭州子公司业务拓展的要求，需要派吴某至杭州子公司工作两年，吴某表示不同意公司的该项安排，且如果B集团公司非要派他到杭州子公司，他将提出辞职。B集团公司认为，根据双方所签培训协议的约定，吴某同意在3年的服务期内到B集团公司下属的分公司或子公司工作，而且当时派遣吴某等人去法国培训的目的，就是为了下属公司发展的需要，因此吴某不同意这项安排就等于违反了双方服务期的约定，如果辞职，即应按照培训协议的约定支付相应的违约金。吴某则表示，培训协议是B集团公司提供的格式版本，这一约定与《劳动合同法》的规定冲突，根据《劳动合同法》的规定，工作地点的变更需要与员工协商一致，他本人的家庭在上海，到杭州工作两年对其家庭生活会产生严重影响，关系其切身利益，因此公司在调派他去杭州工作时应得到他本人同意才行。而且，出资为其提供培训的是B集团公司，他的服务对象也是B集团公司，而杭州子公司与B集团公司属于独立的法人主体，他可以继续在B集团公司服务，但B集团公司非要调他去杭州工作，他才提出的离职，是B集团公司违反合同约定在先，故其不应承担任何违约责任。双方对此争执不下，B集团公司便于2008年6月25日向吴某发放了工作调派通知书，要求其自2008年7月1日起至杭州子公司报到并工作。吴某在接到该通知书后即向B集团公司提出辞职，在辞职信中吴某指出，因B集团公司随意调换其工作地点，未与其协商一致，未按劳动合同的约定提供劳动条件，故其无法完成服务期并继续工作，是被迫提出的辞职。

在吴某提出辞职后，B集团公司即委托律师向吴某发出了律师函，要求吴某按协议约定支付违约金，吴某置之不理。故B集团公司向仲裁委员会提出仲裁申请，要求吴某支付违约金。庭审中，双方提出了与上相同的意见。后来在仲裁委员会的调解下，双方达成一致，吴某给予B集团公司一定的补偿。

2. 案例评析

本案例争议的焦点在于，B集团公司是否可以按照培训协议的约定调派吴某至杭州子公司工作。

《劳动合同法》第二十二条规定："用人单位为劳动者提供专项培训费用，对其进行专业技术培训的，可以与该劳动者订立协议，约定服务期。"对于该条规定，我们通常的理解是"谁出资为谁服务"，但实践中，具体事件往往比较复杂，尤其对于集团型（关联性）企业而言。由集团公司或总公司出资为下属企业培训人才的情况屡见不鲜，并可能约定为下属企业提供服务，这就出现了出资与服务对象不一致的情况，上述案例就是一个代表性案例。其实，《劳动合同法》中对此并没有明确的规定或解释，因此也造成实践中争议不断。本案例中，同时还出现了工作地点变更的情况，吴某和B集团公司的意见也都不无道理。

对于吴某而言，根据《劳动合同法》的规定，工作地点属于劳动合同的必备条款，而变更劳动合同约定的内容必须由用人单位和劳动者协商一致，现在他明确表示不同意变更工作地点，B 集团公司就不能单方变更，如果 B 集团公司不能在原来的工作地点安排工作即无法提供原劳动合同约定的劳动条件，因此他提出辞职不需要赔偿任何的违约金。虽然培训协议上约定了 B 集团公司可以将其派到下属的分公司或子公司工作，但在协议签订时并没有明确说清楚派驻的时间、派驻的地点等情况，签订协议的时候吴某并没有想到要到外地的子公司去工作，而且工作时间将长达两年，因此培训协议的约定不能作为 B 集团公司可以单方变更劳动合同的有效依据。

而对于 B 集团公司而言，在签订培训协议时，吴某就已经知晓此次培训的目的是 B 集团公司为下属企业的发展而进行的一次培训，并且培训协议上也明确约定了 B 集团公司会将接受培训的员工派到下属企业服务，既然吴某在培训协议上签字了，而且接受了培训，就代表吴某同意接受此安排到下属分公司或子公司去工作，吴某对 B 集团公司下属企业的情况也都清楚，因此吴某不愿意按照培训协议的约定到杭州子公司工作，即表示吴某未履行完服务期，按照培训协议的约定应当赔偿 B 集团公司相应的违约金。

由于本案例最终是调解结案，仲裁庭并没有对争议焦点进行论述，但笔者认为，我们不能片面地去理解和运用法条，应当具体情况具体分析。就集团型（关联性）企业而言，从企业管理和发展的角度出发，确实可能出现集团公司或总公司为下属企业培养人才的情况，这也是企业自主性的体现，且随着企业规模化发展的日益加强，这种现象将越来越多。就本案例而言，B公司作为集团公司，为下属分公司或子公司的发展提供人才培训无可厚非，B公司在明确告知接受培训的员工其培训目的之后，与员工在培训协议中约定可以派遣其前往下属分公司或子公司服务也是合理合法的（只要员工接受，也并不违反法律的强制性规定）；但是本案例中，B集团公司最终要派吴某到杭州子公司工作两年，这一调派涉及较长一段时间工作地点的变更，确实涉及员工的切身利益，而由于培训协议的签订仍然较为笼统，并没有让员工有足够的预期，所以B集团公司单方调派吴某去杭州子公司工作对吴某而言的确有失公平合理。但换言之，如果在培训前B集团公司事先明确告知员工在培训期满后，会涉及工作地点的变更及变更时间，如果员工仍然接受并同意参加培训，那么员工事后反悔则仲裁庭或法院认定其违反服务期约定的可能性就较大。

3. 小结 & 律师建议

笔者在实践中了解到有不少集团型（关联性）企业在其培训协议中，都会有如下类似条款："在服务期内，公司可要求其为集团公司下属各公司/关联公司服务，该等服务时间累积计入本协议约定的服务期。"这一约定中，对于服务时间累积计算并没有问题，但对于到下属或关联公司服务的约定却太过笼统，容易引发诸如上述案例中的争议。因此，笔者建议，对于服务期内可能涉及服务对象不一致的情况，应当注意以下3点：

（1）明确培训的目的和计划

如果是集团公司或总公司为下属企业进行的人才培养，则建议在签订的培训协议中对此进行明确，这也是服务对象调整的起因和事实依据。

（2）明确服务对象和服务时间

如果在服务期内会将员工调派到下属分公司或子公司工作，建议在可能的情况下，在培训协议中明确员工所服务的分公司或子公司的具体情况及服务时间，比如上述案例中的B集团公司，即可在培训协议中与吴某明确约定，会派其至杭州子公司服务两年。如此明确的约定，一方面，可以让员工对今后履行服务期的要求有明确的预期，也好让其清楚自己是否能接受培训服务期的要求，以避免日后的争议；另一方面，如果在此情况下员工明确表示接受，而出现事后反悔的情况，对于用人单位而言也可以有明确的依据，一旦发生争议，在仲裁庭或法院的审理中，也可以降低白花钱的风险。

（3）事后协商

如果用人单位在培训前并没有明确与员工约定或告知员工培训的目的、服务对象和时间等情况，或者所签订的培训协议比较笼统，那么在服务期内发生可能调整的情况，建议用人单位还是应当与员工进行协商，达成一致意见，否则即使有类似上述B集团公司那样笼统的约定而单方进行调整，还是存在较大的法律风险。

# 专题八：保密及竞业限制

一、有关保密与竞业限制

二、竞业限制的法律操作

三、案例分析

四、小结&律师建议

市场经济是竞争经济，是追求社会及个人经济效益最大化的经济形态。随着市场经济的发展，人才流动现象也日趋频繁和普遍，而掌握企业商业秘密的人员，从一个企业流向另一个企业时，有可能存在违反保密义务，实施损害原企业商业秘密的行为，从而引发纠纷与诉讼。竞业限制与保密义务之间存在着紧密联系，也有很大区别。下面将根据集团型企业的特点，澄清其在保密方面的误区，以为读者提供参考。

## 一、有关保密与竞业限制

### （一）竞业限制的概念和目的

1. 竞业限制的概念及分类

竞业限制，又称竞业禁止，是对从事具有竞争关系的行业行为的限制。通常指公司的职员（尤其是高级职员）在其任职期间不得兼职于竞争公司或兼营竞争性业务，在其离职后的特定时期和地区内，也不得从业于竞争公司或进行竞争性营业活动。

以竞业限制法律效力的来源作为划分标准，竞业限制可以分为法定竞业限制和约定竞业限制。法定竞业限制是指法律直接规定特定的人不得从事竞争性业务的行为，如我国《公司法》（中华人民共和国主席令第四十二号）中明确规定，董事和高级管理人员不得擅自泄露公司秘密。本文主要探讨的是约定竞业限制。

2. 竞业限制约定的目的

竞业限制约定的目的是为了保护商业秘密和与知识产权相关的秘密事项，以维护公平竞争，形式上是对劳动者择业权的限制，其核心内容是防止用人单位的商业秘密被竞争公司不正当地使用。

### （二）保密义务与竞业限制的关系

二者都是为了保护权利人的商业秘密，且很多情况下在劳动合同中二者会同时出现。但二者的区别也较为显著。

1. 保密义务与竞业限制的联系

（1）两者都以商业秘密的存在为前提

负有保密义务的前提是要有商业秘密存在，没有商业秘密存在，也就没有保密义务可言；竞业限制是用人单位为保护其商业秘密而采取的一种措施和手段，同样也是以有商业秘密存在为前提和基础，否则用人单位与劳动者约定的竞业限制条款无效。

(2) 两者约束的对象上有共同之处

无论是保密义务，还是竞业限制的义务人都包含负有保密义务的用人单位的员工。所以，对用人单位的离职员工而言，既负有保护用人单位商业秘密的义务，还可能因与用人单位签订了竞业限制的协议，而承担竞业限制的义务。

2. 保密义务与竞业限制的区别

(1) 保密义务与竞业限制的性质不同

保密义务产生于法律的直接规定，不管当事人之间是否有明确约定，劳动者于在职期间或离职后都负有保密义务，即保密义务是一种法定义务；竞业限制是一种约定义务，即义务的产生来自双方的有效约定，无约定则无义务。相应地，在违反时，保密义务承担的是侵权责任，竞业限制承担的是违约责任。

(2) 两者在限制劳动者就业机会方面不同

保密义务不限制劳动者的再就业，而竞业限制则明显不同。

(3) 两者在履行义务中是否存在对价不同

竞业限制中，经济补偿金是劳动者履行竞业限制义务的对价，如果原用人单位拒绝支付或迟延支付经济补偿金，劳动者可单方解除竞业限制约定；而保密义务是基于法律规定的义务，劳动者要无条件保守用人单位的商业秘密。

(4) 两者在期限方面不同

根据我国的《劳动合同法》，竞业限制的期限不得超过二年，超过的部分无效；对于保密义务，只要权利人的商业秘密存在，未公开，劳动者就有保守该秘密的义务。

## 二、竞业限制的法律操作

我国《劳动合同法》对竞业限制仅在第二十三条和第二十四条中作了规定，但实践操作中，竞业限制涉及多方面的内容，如果法律实务工作者在文书和诉讼证据的提供上存在缺漏，极可能会给当事人带来损失。

### （一）竞业限制非诉讼法律操作

1. 竞业限制条款的起草

用人单位在起草竞业限制协议时要特别注意以下5点：

（1）前提条件

竞业限制的目的是为了保护商业秘密和与知识产权有关的保密事项，实行竞业限制的用人单位必须具备有商业秘密或与知识产权相关的保密事项的前提，任何与之无关的竞业限制协议均无效。

（2）主体问题

竞业限制只能与负有保密义务的劳动者签订，具体包括用人单位的高级管理人员、高级技术人员和其他负有保密义务的人员。对不掌握用人单位秘密的劳动者，用人单位与之签订的竞业限制协议无效。

（3）范围条件

为了保障劳动者的生存权和就业权，用人单位不能无限扩大竞业限制的范围，而应以劳动者掌握的商业秘密为限，相应地约定竞业限制的范围。

（4）期限问题

根据我国《劳动合同法》，竞业限制的期限不得超过二年，超过的部分无效。

（5）经济补偿金问题

《中华人民共和国劳动合同法》第二十三条规定：“对负有保密义务的劳动者，用人单位可以在劳动合同或保密协议中与劳动者约定竞业限制条款，并约定在解除或终止劳动合同后，在竞业限制期限内按月给予劳动者经济补偿。”

此处的经济补偿金需按月支付，并应视为劳动者履行竞业限制义务的对价。也就是说，劳动者履行竞业限制义务，用人单位应当按约定给付经济补偿金。如果在竞业限制条款的履行过程中，用人单位不支付或无正当理由拖欠补偿金的，可视为单方毁约，劳动者可以拒绝履行之后的义务，单方终止竞业限制协议。

2. 竞业限制经济补偿金支付的先后问题及数额

（1）支付的先后问题

上面提到，竞业限制补偿金的支付是劳动者履行竞业限制义务的对价。对于不约定经济补偿金，事后又无法通过协商来确定的竞业限制条款，可视其无效，劳动者也不需要履行此竞业限制义务。与之相关的一个问题是，是先履行义务后再支付补偿金呢，还是相反。对此，我国相关劳动法律法规并无强制性规定，笔者认为应该尊重双方当事人的约定。

（2）经济补偿金的数额

员工承担竞业限制义务，用人单位应当在竞业限制期限内按月支付竞业限制补偿金。关于竞业限制补偿金的标准，国家尚无统一规定，通常由双方协商一致。但有些地方规定了竞业限制补偿金的最低标准，如《江苏省劳动合同条例》第十七条规定“年经济补偿金不得低于该劳动者离开用人单位前十二个月从该用人单位获得的报酬总额的三分之一”。其他地方虽然没有明确规定，但从劳动争议案件处理实务来看，各地法院都有一个司法实践的操作，就上海而言，年经济补偿金数额一般不得低于该劳动者离开用人单位前十二个月从该用人单位获得的报酬总额的20%～30%；就北京而言，一般月经济补偿金数额不得低于北京市最低工资标准。

### （二）商业秘密保护的规章制度完善

结合大量的司法实践，笔者认为在企业内部建立商业秘密保护制度、对涉密人员进行相应绩效考核、在员工离职时对商业秘密的内容进行再次确认等，对企业的商业秘密保护至关重要。

1. 采取足以防止信息泄露的保密措施

限定涉密信息的知悉范围，只对必须知悉的相关人员开放，对涉密信息载体采取加锁等防范措施，在涉密信息的载体上标注保密标识，限制其他人员进入涉密场所等。

2. 将保密事项作为涉密人员绩效考核的一部分

遇有员工侵犯商业秘密的纠纷时，首先需要确定的是，该员工是否有机会接触该等商业秘密，而我们采用的最直接的证据就是，看劳动合同中该员工的岗位及职责。为了使权利人的主张更加充分，企业可以将保密事项作为涉密员工绩效考核的一部分，否则，不排除司法机关因此认定员工不是商业秘密接触者的可能性。

3. 签订保密协议

与员工签订保密协议，以圈定企业的商业秘密范围，或者在员工离职时，与其再次以书面形式确认商业秘密的范围，这些无疑都是企业加固证据的良好方法。

（三）违反竞业限制约定的法律判断

劳动者生存权是公民的基本权利，而择业自由和合法竞争是市场经济条件下劳动者生存权的表现形式。在对是否构成违反竞业限制条款的认定上，司法操作的审查比较严格。劳动者是否违反竞业限制以及权利人需要准备哪些证据，法律实务工作者应注意从以下3个方面把握：

1. 用人单位是否有密可保

根据我国《反不正当竞争法》（中华人民共和国主席令第10号），商业秘密是指不为公众所知悉、能为权利人带来经济利益、具有实用性并经权利人采取保密措施的技术信息和经营信息。商业秘密包括两部分内容，即非专利技术和经营信息，如生产配方、工艺流程、技术诀窍、设计图纸等技术信息，以及管理方法、产销策略、客户名单、货源情报等经营信息。我们可以通过商业秘密的特点来判断相关信息是否构成商业秘密。

（1）非公知性

即信息未被公开，或者该信息虽然从其他合法渠道得知，但是与经营者直接联系并不为公众所知。如A企业将其技术性信息合法转让给B企业，且双方约定了保密事项，在这种情况下，该信息虽为A企业以外的另一方知悉，但仍是A企业的商业秘密。

（2）不易被他人获取性

如果某项技术方案的发明点很低，一般技术人员一看便知，则不能构成商业秘密。因此，该技术信息必须具备一定程度的创造性。如某项生产工艺在行业内被普遍使用，或一般技术人员通过简单研究产品即可获知，则该种信息不构成商业秘密。

(3) 利益相关性

即信息具有商业价值，能给权利人带来利益。以企业的客户资料为例，单纯的客户名单不能使人获利，不能被认为是商业秘密。但如果权利人通过长期持续的投入，在交易价格、产品种类、交易习惯等方面所形成的比较稳定的信息，则可以被认为是商业秘密。

(4) 有无采取保密措施

必须由权利人对技术信息采取了保密措施。

2. 劳动者是否满足“负有保密义务的劳动者”这一主体条件

如果劳动者是高级管理人员、高级技术人员以外的普通员工，则用人单位需要举证来证明劳动者的工作岗位职责是否具有接触商业秘密的内容，也可综合绩效考核来进一步认定。

3. 用人单位与劳动者新进的单位是否构成业务上的竞争关系

最直接的证据可从工商行政管理局核准登记的劳动者先后所在的两家单位的经营范围中认定。在我国，根据相关司法解释，法人超越经营范围的民事行为只要不违反国家的禁止性规定、强制性规定，也被认为有效。因此，通过税务、房产等其他行政部门调取的能证明用人单位实际经营范围的证据，也是认定竞争关系的有效证据。但是其中有一种例外情形，即在行政许可事项方面，如果用人单位未获批准即从事行政许可事项，则不认为该行政许可事项是其实际经营范围。

### （四）违反竞业限制约定之损害赔偿额的确定

权利人可举证来证明自己遭受的损失或对方因此的获利，仍不能确定的可按照约定的违约责任数额要求对方承担违约责任。

另外，在权利人举证时，即使不能确定损失或对方获利的具体情况，也仍然应该就有关损失客观存在的事实进行举证，并就损失的大致范围作出合理说明。

## 三、案例分析

1. 案情回放

A 公司上海分公司的经营范围为软件开发、咨询（涉及许可项目的凭许可证经营)。2006 年，A 公司与陈某签订了《劳动合同》，期限自 2006 年 3 月 1 日至 2008 年 2 月 29 日，并约定陈某任上海分公司部门经理、软件培训讲师，月薪若干。双方同时签订了《保密协议》和《不竞争协议》。《保密协议》约定：雇员对公司承担保密义务，“商业秘密”包括但不限于教学使用的课件、讲义和案例，以及市场渠道、市场策略和学员档案等。《不竞争协议》约定：雇员在其任职期间及其后 2 年，不得自营或为他人经营与 A 公司有竞争的业务；在离职雇员承担不竞争的年限内其确实履行了不竞争义务的情况下，公司应当每年向离职雇员支付其离职前一年从公司获得的年报酬的

50%，雇员如违反不竞争义务，需支付违约金200万元。A公司上海分公司对陈某的绩效考核仅限于“保质保量完成教学任务，负责教学管理部的建设和管理，加强部门团队建设”。2006年10月，陈某提出辞职，A公司不予批准。此后，陈某未再到原告处上班，并于10月下旬开始到B公司从事软件培训工作。B公司于2006年10月完成工商注册宣布成立，经营范围为软件开发、咨询，后于2007年4月取得人才培训许可。不久，A公司向人民法院提起诉讼，提出：其通过委托培训协议的方式由具有资质的关联公司上海分公司开展培训业务，陈某作为部门经理，系原告的高级管理人员和技术人员，掌握和知悉用人单位的商业秘密，其擅自离职并至B公司处工作，违反了双方签订的《保密协议》和《不竞争协议》；B公司招用未解除劳动关系的劳动者，违反了《劳动法》的规定，要求其承担70%的连带责任。

被告陈某辩称：劳动合同因原告无软件培训资质而无效；原告的软件培训课件及培训材料不属于商业秘密；原告从未支付其经济补偿金，《不竞争协议》无效。

2. 案情分析

(1) A公司与陈某的劳动合同是否有效

根据法律规定，劳动合同无效仅限于3种情形，即违反法律或行政法规强制性规定的劳动合同，采取欺诈、胁迫等手段订立的劳动合同，用人单位免除自己的法定责任、排除劳动者权利的劳动合同。法律上对用人单位雇用劳动者超出其经营范围确立的内容的劳动合同，并无禁止性规定。因此，用人单位是否具有相关资质，不影响其与劳动者签订的劳动合同的有效性。

（2）《不竞争协议》是否有效

依据上述考察竞业限制协议效力的要件，来判定该案例中的《不竞争协议》是否有效：

①陈某是否具有商业秘密可供保护

《反不正当竞争法》（中华人民共和国主席令第10号）中规定，商业秘密是不为公众所知悉，能为权利人带来经济利益、具有实用性并经权利人采取保密措施的技术信息和经营信息。A公司作为经营软件开发、咨询的高科技企业，有可能存在技术信息等商业秘密。

②陈某是否是负有保密义务的劳动者

首先，A公司与陈某的《保密协议》中约定：陈某应保守用人单位的技术秘密和其他商业秘密，“商业秘密”包括但不限于教学使用的课件、讲义和案例，以及市场渠道、市场策略和学员档案等。根据《反不正当竞争法》，构成商业秘密的首要条件是“不为公众所知悉”。关于A公司的培训课件和资料，每个受训学生均可获得，A公司并未采取任何保密措施，其内容也被教师公开讲授过，故原告的培训课件和资料已进入公知领域，不具备“不为公众所知悉”这一商业秘密的构成要件。从陈某的岗位来看，其所掌握的培训课件和资料不是商业秘密。

其次，对于《保密协议》中约定的属于商业秘密范畴的“市场渠道、市场策略和学员档案”，综合陈某的劳动岗位、工作内容、岗位职责和绩效考核来考察，也不能推断陈某必然掌握商业秘密。另外，A公司也未对以上信息采取保密措施，且未对陈某已接触、知悉和利用了该商业秘密进行举证。因此，陈某不属于负有保密义务的劳动者。

③陈某是否可以A公司未支付补偿金为由拒绝履行竞业限制义务

根据《中华人民共和国劳动合同法》，用人单位和劳动者约定竞业限制的，用人单位应在解除或终止劳动合同后，在竞业限制期限内按月给予劳动者经济补偿。

我们认为，劳资双方关于竞业限制的约定可以认定为一个合同约定，如果用人单位未按约定向劳动者支付补偿金，劳动者可单方解除该约定，无须履行之后的竞业限制义务。具体到该案件，陈某无须履行竞业限制义务。

(3) A公司与B公司在培训业务上是否具有竞争关系

A公司与B公司的经营范围在软件开发、咨询方面存在竞争性，但A公司至今未取得培训业务的人才培训许可，虽其主张通过委托培训协议的方式由具有资质的关联公司开展培训业务，但二者系两个独立的主体，培训资质亦针对特定主体颁发，不可通用。因此，就软件培训业务而言，两公司之间不存在竞争关系。

(4) A 公司可否主张陈某擅自离职并因此要求 B 公司承担连带赔偿责任

根据我国《劳动合同法》的相关规定，员工辞职应提前 30 日通知用人单位，试用期内提前 3 天通知用人单位。但是未对员工未提前通知解除劳动合同的情况规定罚则。我们认为，只要员工通知单位解除劳动合同，不论是否按法律规定的期限提前通知，都应认为双方的劳动合同解除。

在本案例中，A 公司并未举证来证明因陈某的擅自离职给自己造成了经济损失，因而 A 公司不能对陈某和 B 公司主张损害赔偿责任。

3. 判决结果

对于 A 公司的诉讼请求均不予支持。

4. 注意事项

集团型企业要注意，其各个关联企业在法律上是独立的主体，无论其业务或财务上有多么紧密的联系，都不能在合同签订上或行政许可事项上相互代替。另外，企业在内部管理、涉密人员的绩效考核、商业秘密的保护上也应该多做工作，不是自认为是商业秘密的就能成为法律认定的“商业秘密”。否则，不仅会导致商业秘密被窃取，也可能使侵权主张不获支持。

## 四、小结 & 律师建议

考虑到集团型企业人员内部流转的问题，本部分以列举问题的方式提请集团型企业管理人员要特别注意以下 4 个方面事项：

1. 当以总公司名义签订劳动合同或竞业限制协议时，员工的保密范围如何确定？

根据合同相对性原则，对于以总公司名义签订的劳动合同或保密协议，员工的保密义务仅限于总公司的商业秘密。但在实际情况中，集团型企业常常统一招用员工，然后分派到集团中各子公司用工，因而，还要结合员工的劳动合同履行地以及工作岗位和职责来考察员工是否对特定事项负保密义务。

集团型企业还要注意，各个子公司和总公司是独立的法人主体，如果实际用工单位发生变化，相应的协议签订主体也要随之变化。

2. 能否与员工约定保守整个集团公司的所有商业秘密或限制其到与整个集团公司有竞争业务的企业再就业？

不能。竞业限制是对劳动者择业权和就业权的限制，必须将约定的对象限于必要的人员，如果员工仅接触某一子公司的商业秘密或仅在某一子公司提供劳动，就不能将限制择业的范围任意扩大。如果员工确有接触其他子公司秘密的必要，则可以另行签订协议。

3. 集团型企业内部发生合并，是否需要重新签订协议？

（1）吸收合并

如果其中一家子公司A吸收另一家子公司B，B公司不复存在，则发生变更的A公司需要同原B公司员工重新签订保密协议和竞业限制协议，并就原B公司员工所接触的秘密事项重新进行约定，且协议主体和内容要发生相应变更。

（2）新建合并

如果其中一家子公司A与另一家子公司B合并建立公司C，原A公司和B公司不复存在，则原A公司和B公司的员工需要与新公司C重新签订协议，竞业限制的范围也相应变更为与C公司有竞争关系的企业。

4. 集团型企业内部某公司发生分立，是否需要重新签订协议？

（1）新设分立

新设分立是指拟改组企业将其全部资产分割为两个或两个以上的部分，另外设立两个公司，原企业的法人地位消失。由于原有的公司主体地位消灭，因而，对于新企业决定继续留用的劳动者，应与其重新签订保密协议和竞业限制协议，具体内容也要发生相应变更。

（2）派生分立

派生分立是指拟改组企业将其一部分资产或业务分离出去，作为股本投入改组后的公司，其余部分资产或业务仍保留在存续的原企业内。对于剥离出去的公司，应与继续留用的员工重新签订保密协议和竞业限制协议，并根据新成立公司的业务变化或员工岗位职责的变化，相应界定保密范围。

# 专题九：

外国人流转

一、关于就业许可问题

二、关于薪酬福利问题

三、关于劳动保护问题

四、关于劳动合同签订限制问题

五、小结&律师建议

随着中国经济的发展，跨国公司不断进入，中国大陆之外国人就业市场日趋升温，越来越多的相关疑义或争议亦随之呈现。其中，又以发生在跨国集团型企业的外国人就业争议居多，涉及相关之问题，理论上虽有一定一致，但在实际操作中分歧确实颇多。尤其在外国人流转问题上，更是如此。究其原因，在于对外国人于中国劳动雇佣法上之地位存在多重标准。当适用国民待遇时，有关事务之处置皆比照国人，争议较小；但当适用差别待遇时，到底是优于国人，还是受到限制，则存有相当酌定之空间。以下，笔者就相关问题，分门别类讨论之。

## 一、关于就业许可问题

［**关键问题**］未办理就业手续的外国人的解雇及补偿问题

1. 案情简介

某贸易公司系知名跨国公司的中国子公司，由于战略发展的需要，其通过亚太总部调动了曾在同行业另一家子公司工作的外籍员工——安德鲁先生担任公司总经理。但在安德鲁就职后，出于种种原因，该贸易公司一直未为其办理外国人就业手续。现在由于安德鲁的工作能力问题，亚太区管理层指示中国方面与安德鲁解除雇佣关系。此时，该贸易公司应当如何操作？

2. 案例评析

任何国家对于外国人之就业，皆存在许可制度。其目的，一方面在于管理外国人之需要；另一方面也有利于保护本国公民之就业机会。中国所施行之外国人就业许可制度，虽说不能算是国民待遇（因为除特殊岗位外，对中国人一般是没有就业许可的），但从某种程度上说，可谓是最惠国待遇或是对等待遇了。

按照学理界的通识，获得就业许可之外国雇员，应当比照中国人给予必要的保护，几乎与中国雇员无异；而未获就业许可之外国人，则视为非法就业，即所谓的“黑工”，于劳动雇佣法上不予保护，但归属于民法上的劳务关系。

然而，理论上分得清清楚楚的道理，在实践中常有障碍，尤其是在所谓“事实劳动关系”问题上。中国员工是可能形成事实劳动关系的，那外国人呢？特别是有就业许可的外国人，他能不能跟同一集团下的另一用人主体形成事实劳动关系呢？

不同的子公司，即不同的用人单位，应当变更而不变更就业许可，则会导致就业资格的丧失；如果丧失就业资格，则不是事实劳动关系，而会被归为劳务关系。真如此，倒也简单，依据劳务关系管理便是，剔除劳动法上的强制保护因素，例如解除保护及补偿等，公司反倒在解雇时因此受益。但从法律的角度考量，这是否恰当，则有待商榷。所以，实践中，不排除出现衡平因素的可能性，由此导致对有些问题的处理，不同地区可能存有差异。

因此，本案例中，如果坚持认为其未办理就业手续即属于非法就业，则将导致公司可以直接解除安德鲁的雇佣关系而不需给予其任何赔偿；但是，从留有余地，或是更加保险的角度来考虑，假如安德鲁确实不能胜任工作，公司还是可以与其解除合同的，但考虑到他是同一集团内部调动，且原来是有就业许可的，只是由于公司的原因才没有办理相关就业手续，所以应该依照《劳动合同法》的规定，给予其经济补偿及代通金，或提前1个月通知。

3. 法规链接

（1）《外国人在中国就业管理规定》（劳部发［1996］29号）

**第二十条** 外国人被批准延长在中国就业期限或变更就业区域、单位后，应在10日内到当地公安机关办理居留证件延期或变更手续。

**第二十四条** 外国人在中国就业的用人单位必须与其就业证所注明的单位相一致。

外国人在发证机关规定的区域内变更用人单位但仍从事原职业的，须经原发证机关批准，并办理就业证变更手续。

外国人离开发证机关规定的区域就业或在原规定的区域内变更用人单位且从事不同职业的，须重新办理就业许可手续。

（2）《关于加强外国人在中国就业管理工作有关问题的通知》（劳社厅发［1998］19号）

四、已在中国某地就业的外籍人员，被派往本单位在异地的工作单位任职，其外国人就业证期限未满的，应到原发证所在地劳动保障部门办理就业证变更手续（就业证交回），然后持当地劳动保障部门出具的就业证变更证明，到新任职地重新办理就业证（不需办理许可证书）；就业证期限已满的，应到原发证地劳动保障部门办理终止就业手续，并按《外国人在中国就业管理规定》到新任职地重新办理就业手续。

## 二、关于薪酬福利问题

［**关键问题**］外籍外派员工的薪酬福利标准适用问题

1. 案情简介

某管理有限公司系某知名跨国公司于中国境内的控股公司，其高级管理人员皆为海外派遣就职。对有关人员的待遇，母公司与相关人员已经在海外商定一致，并载于就职信函，其中包括但不限于年休假、安家费、自助保险等福利。然而，某管理有限公司内部亦有员工手册，就带薪年休假、特殊津贴等有不同规定。那么，有关外国高管的薪酬福利是否可以自成体系而不受员工手册的约束及保护？

2. 案例评析

关于（有就业许可）外国人之薪酬福利制度，笔者认为我国执行的是以国民待遇为主，辅之以优惠待遇的混合政策。

《外国人在中国就业管理规定》（劳部发［1996］29 号）第二十二条规定："用人单位支付所聘用外国人的工资不得低于当地最低工资标准。"

其实，对于中国雇员的工资保护，也不过如此。

假若在薪酬福利政策上对外国人实行的是国民待遇，则管理中国员工薪酬福利的以下基本原则便有适用空间：劳动合同约定的福利待遇不能低于规章制度，但如果有关约定高于规章制度的，则执行劳动合同。

本案例中，如果有关就职信对于同一福利项目的规定优于员工手册，则原有约定当然应当得到继续执行；但如果员工手册中某项福利优于就职信，或涵盖了就职信没有的内容，则将导致员工手册中相关规定的适用。

究其根本，在于员工手册乃是规定标准的普适性规定，凡是公司员工（包括外国员工），皆应受其约束及保护，而劳动合同及其附件乃是个性化约定，如其标准高于普适基准当然合法；当二者发生冲突时，个性化约定不能突破普适性约定的藩篱，否则，将导致歧视性待遇或非同工同酬争议的发生。

对于外籍雇员，我国更有种种税收优惠以鼓励其就业或保障其权益，试举两例如下：

（1）附加扣除费用

《中华人民共和国个人所得税法》第六条“应纳税所得额的计算”中规定：“对在中国境内无住所而在中国境内取得工资、薪金所得的纳税义务人和在中国境内有住所而在中国境外取得工资、薪金所得的纳税义务人，可以根据其平均收入水平、生活水平以及汇率变化情况确定附加减除费用，附加减除费用适用的范围和标准由国务院规定。”

《中华人民共和国个人所得税法实施条例》（国务院令第452号）第二十九条规定：“税法第六条第三款所说的附加减除费用标准为3 200元。”

（2）免税费用

《财政部　国家税务总局关于个人所得税若干政策问题的通知》（财税字［1994］020号）第二条规定：“下列所得，暂免征收个人所得税：

“（一）外籍个人以非现金形式或实报实销形式取得的住房补贴、伙食补贴、搬迁费、洗衣费。

“（二）外籍个人按合理标准取得的境内、外出差补贴。

“（三）外籍个人取得的探亲费、语言训练费、子女教育费等，经当地税务机关审核批准为合理的部分。”

由此可见，本文所指之差别待遇不一定是“坏事”，也有可能是“优待”。当然，由于差别的存在造成了特殊，这是不能不考虑的，它使得日常的人力资源合规管理多了一些不同的地方，而我们所担心的，便是因为习惯的惯性而在差异处出错。

## 三、关于劳动保护问题

[关键问题] 外籍员工的劳动保护标准适用问题

1. 案情简介

某研究公司雇有外籍人士安娜女士，其已经是一个孩子的母亲。近日，安娜兴奋地告知其领导——公司总经理，她又要做妈妈了，而且待时间合适，她准备回国休产假。那么，公司是否应当对其休产假要求给予批准呢?

2. 案例评析

本案涉及以下两个问题：

(1) 中国计划生育政策能否适用于外籍女性员工

笔者认为，将计划生育政策适用于外籍女性员工暂无法律的依据。

首先，从《人口与计划生育法》（中华人民共和国主席令第六十三号）来看，该法第十七条虽规定："公民有生育的权利，也有依法实行计划生育的义务，夫妻双方在实行计划生育中负有共同的责任。"但查阅其他条文内容，笔者不能得出该部法律当然适用于在华外籍人士的结论。

其次，《人口与计划生育法》第二条明确规定："我国是人口众多的国家，实行计划生育是国家的基本国策。国家采取综合措施，控制人口数量，提高人口素质。”此系我国政府基于中国国情而做出的具有中国特色的一项人口政策，有其历史性的社会环境作为背景。在具体计划生育的操作尺度的掌握上，各地方政府亦根据当地人口与社会发展不同状况进行灵活处理，如部分城市已不再绝对地实行“一胎化”，而有条件地开放“二胎”。从各国计划生育机制来看，由政府大力提倡和推行计划生育的机制，尚不属于通行的国际惯例。尤其是在欧美发达国家，是否生育及如何生育等问题均被认为是私人事务，且生育权是个人的基本人权之一，政府均无权干涉，而政府的职责则是为母婴提供更好的医疗等社会条件，少数国家鉴于本国人口老龄化及人口总数负增长等问题，推行鼓励多生育的制度。

由此可见，将中国的计划生育政策套用于外籍女性员工缺乏法律依据。

（2）中国法律规定的三期待遇，外籍女性员工能否享有

此涉及具体之劳动标准问题。对于劳动标准，笔者相信，我国虽然没有前述薪酬福利那样的优惠待遇，但也绝对没有限制性的差别待遇，而是严格地适用国民待遇。因为关于工作时间、休息休假及劳动保护等事项皆为劳动基准，所涉及不仅限于雇佣自由，更涉及作为人可以享有的基本权利。

《外国人在中国就业管理规定》第二十三条规定：“在中国就业的外国人的工作时间、休息休假、劳动安全卫生以及社会保险按国家有关规定执行。”

此处的按照国家有关规定执行，当然是指适用中国相关的

法律法规，即中国雇员如何依法享有相关权利，外国雇员亦然。

那么本案例中，安娜是否有权利要求休产假呢？这恐怕要比照中国的女职工保护办法和计划生育的相关规定。如果中国籍员工在同样情况下应当享有相关产假，则安娜亦应当享有；反之，亦然。假如安娜坚持要休假，又该如何呢？同样的道理，中国籍员工在此情况下是怎样接受处置并享有待遇的，安娜就应当受到怎样的对待。例如，允许缺勤，但属于无薪事假等处置方式，都是在女职工不符合相关政策生育的情况下可以适用的解决方案之一。

## 四、关于劳动合同签订限制问题

1. 案情简介

张先生系外籍人士，1999 年 2 月进入上海 A 公司工作，担任市场部经理一职，且与 A 公司签订了 5 年期的劳动合同。2003 年 4 月，因战略发展需要，张先生被总部调往与 A 公司属同一集团的另一子公司 B 任职。在第一份劳动合同到期后亦即 2004 年 2 月，张先生又陆续和 B 公司订立了两次 3 年期限的劳动合同，最近一份劳动合同至 2010 年 2 月终止。张先生的好友在某外资 C 公司任人事经理，告知他半年后 C 公司将有空缺职位，希望张先生届时接任此职位。2010 年 2 月，张先生的劳动合同到期后，A 公司提出与张先生订立无固定期限劳动合同，但张先生因想跳槽至好友所在的 C 公司，故只答应与 B 公司续订1年期限的劳动合同。

然而，事与愿违。2010年2月，张先生的劳动合同期满，但受外部环境影响，其好友所在的C公司不再招聘新员工，而张先生所在B公司也因内部战略调整决定终止与张先生的劳动合同。张先生找到B公司领导，认为自己在公司工作已超过10年，根据《劳动合同法》的相关规定，B公司应当与其签订无固定期限劳动合同。但B公司认为，张先生系外籍人士，不受劳动合同保护。故在劳动合同到期的情况下，终止了与张先生的劳动合同。张先生不服，遂诉至所属的劳动争议仲裁委员会，要求公司与其订立无固定期限劳动合同。

那么，张先生的请求应该得到支持吗？

2. 案例评析

本案例涉及4个问题：

（1）外国人就业是否受劳动法保护？

根据《外国人在中国就业管理规定》、《上海市高级人民法院关于审理劳动争议案件若干问题的解答》等相关规定，外国人在中国就业期间，涉及最低工资、工作时间、休息休假、劳动安全卫生、社会保险等方面的劳动标准，适用中国的法律法规；当事人之间在上述规定之外约定或履行的其他劳动权利义务，可按当事人之间的书面劳动合同、单项协议或其他协议以及实际履行的内容予以确定。

换句话说，外国人在就业过程中所受的法律保护并不完全等同于中国公民，仅在法定范围内享受国民待遇。至于某些法律并无强制性规定的范畴，用人单位和劳动者拥有一定意思自治的权利，可通过协商加以约定。

因此，对于上海的用人单位来讲，对于法律法规授权公司可以与员工自行约定的内容，可在劳动合同中加以明确约定，如劳动合同解除及终止条件等。员工的录用条件以及绩效等工作表现均可作为终止或解除条件，在劳动合同中予以界定。为了证明员工不符合录用条件或不胜任工作，可另行制定岗位职责及相关考核方式作为劳动合同附件让员工一并签收。总之，订制并签署一份完备的劳动合同，在预防风险、减少诉争方面会是相对有效的一种方式。当然，这仅是目前上海的操作模式，就全国而言，各地的审判口径尚存在一定的差异，需具体化处理。

(2) 外国人连续工作满 10 年是否可要求签订无固定期限劳动合同?

虽然根据《劳动合同法》及《劳动合同法实施条例》之相关规定，在劳动者工作连续满 10 年的情况下，除非劳动者与用人单位协商一致，否则，劳动者提出订立无固定期限劳动合同的，用人单位应当与之订立。但外国人是否亦可在连续工作满 10 年的情况下要求用人单位与之签订无固定期限劳动合同，却需要另作讨论。理由有二：

第一，《上海市劳动局关于印发〈关于贯彻［外国人在中国就业管理规定］的若干意见〉的通知》（以下简称《通知》）

第十六条规定："用人单位与获准聘雇的外国人之间有关聘雇期限、岗位、报酬、保险、工作时间、解除聘雇关系条件、违约责任等双方的权利义务，通过劳动合同约定。"而"无固定期限劳动合同"问题正属于《通知》第十六条中所指的"期限"问题。因此，在该问题中，约定优先，亦即，只要用人单位与劳动者在劳动合同中事先就是否签订无固定期限劳动合同问题作出过具体约定，从约定。

第二，《外国人在中国就业管理规定》（以下简称《管理规定》）第十八条明确规定："用人单位与被聘用的外国人应依法订立劳动合同。劳动合同的期限最长不得超过5年。劳动合同期限届满即行终止，但按本规定第十九条的规定履行审批手续后可以续订。"这一规定与《劳动合同法》的规定存在不一致之处，有观点认为，《管理规定》作为外国人就业方面的特别规定而应优先适用，笔者对此观点难以认同。根据中国法律的规定，所谓"特别法优先适用"仅限于同一效力级别的规定，如在劳动合同方面，《劳动合同法》较之《劳动法》是特别规定，因此应优先适用。但对于不同效力级别的规定，则应按照效力级别确定优先适用，《立法法》明确规定，"法律的效力高于行政法规、地方性法规与规章"。《劳动合同法》是全国人大常委会制定的"法律"，而《管理级别》的效力仅为"部门规章"，按照《立法法》的规定，应优先适用《劳动合同法》。因此，用人单位若根据《管理规定》的内容而不予签订无固定期限劳动合同的操作具有相当大的法律风险。

然而，以上分析仅是从法律层面上进行，实践中，很多地方要求办理就业证时必须出具“5年以下期限的固定期限劳动合同”，即出具无固定期限劳动合同不符合相关续订审批的规定及程序，因而也将无法办理。对此问题，笔者认为，不能因为地方操作部门的行为而不履行法定义务，实践操作中用人单位可以另行签订一份固定期限劳动合同以解决就业审批手续的问题。

在认定工龄问题上，还须注意，《劳动合同法实施条例》（中华人民共和国国务院令第535号）第十条规定：“劳动者非因本人原因从原用人单位被安排到新用人单位工作的，其在原用人单位的工作年限合并计算为新用人单位的工作年限。”故而，集团内部因用人单位原因引发的员工调动情形，在工龄计算问题上均须作“连续计算”考虑。

（3）外国人在集团内部调动，是否需要重新办理就业证？

《外国人在中国就业管理规定》第二十四条明确规定：“外国人在中国就业的用人单位必须与其就业证所注明的单位相一致。外国人在发证机关规定的区域内变更用人单位但仍从事原职业的，须经原发证机关批准，并办理就业证变更手续。外国人离开发证机关规定的区域就业或在原规定的区域内变更用人单位且从事不同职业的，须重新办理就业许可手续。”

据此规定可知，国家在对外国人就业证的管理方面采取的是相对较为严格的“一致原则”，即外国人在中国就业的用人单位与其就业证所注明的单位必须相一致，一旦实际用人单位发生变化，必须依照规定重新办理相关的变更及许可手续。

在此法律背景之下，外国人在集团内部调动亦将遵从同样的标准。因为，虽然其调往及调出的对象之间存在特殊的关联，一般称为关联企业，但各自公司（子公司或分公司）均是独立的用工主体，在劳动法上拥有用人单位的法律地位，故所涉及外国员工仍需要依法办理就业证的相关手续。

（4）中国劳动者连续工作满10年，在签订固定期限劳动合同后，是否有权再要求签订无固定期限劳动合同？

员工符合提出订立无固定期限劳动合同的条件，但用人单位和劳动者均选择签订固定期限劳动合同，则该份固定期限劳动合同合法有效，但这并不意味着用人单位日后不再面临“无固定期限劳动合同”的问题，也不意味着劳动者自此丧失了订立无固定期限劳动合同的权利。从法律本身分析，当新签订的固定期限劳动合同到期后，用人单位和劳动者将重新取得上份合同到期之时的立场，即劳动者再次拥有了提出订立无固定期限劳动合同的资格。但具体操作在各地仍未尽统一。例如，上海目前的裁审口径是，此份固定期限劳动合同终止，双方劳动关系自行结束。若日后国家或地方出台新的规定或解释，而上海对此问题的解释又与之相冲突，还是应当以更高层级的法律、法规或解释为准。

3. 法规链接

（1）《外国人在中国就业管理规定》（劳部发［1996］29号）

**第十八条** 用人单位与被聘用的外国人应依法订立劳动合同。劳动合同的期限最长不得超过五年。劳动合同期限届满即行终止，但按本规定第十九条的规定履行审批手续后可以续订。

**第十九条** 被聘用的外国人与用人单位签订的劳动合同期满时，其就业证即行失效。如需续订，该用人单位应在原合同期满前三十日内，向劳动行政部门提出延长聘用时间的申请，经批准并办理就业证延期手续。

**第二十三条** 在中国就业的外国人的工作时间、休息休假、劳动安全卫生以及社会保险按国家有关规定执行。

（2）《上海市劳动局关于印发〈关于贯彻［外国人在中国就业管理规定］的若干意见〉的通知》

十六、用人单位与获准聘雇的外国人之间有关聘雇期限、岗位、报酬、保险、工作时间、解除聘雇关系条件、违约责任等双方的权利义务，通过劳动合同约定。

（3）《中华人民共和国劳动合同法实施条例》（中华人民共和国国务院令第535号）

**第十条** 劳动者非因本人原因从原用人单位被安排到新用人单位工作的，劳动者在原用人单位的工作年限合并计算为新用人单位的工作年限。原用人单位已经向劳动者支付经济补偿的，新用人单位在依法解除、终止劳动合同计算支付经济补偿的工作年限时，不再计算劳动者在原用人单位的工作年限。

## 五、小结 & 律师建议

随着外国人在华就业的普遍推广，目前情况下对于外国人管理应采取如下的国民待遇原则：

1. 外国人在集团型企业内部流转，对其应及时做好就业证变更等相关手续，以免出现非法用工的法律风险。

2. 对于在华就业的外国人的薪酬福利制定标准，企业应注意在国内用人单位的薪酬制度、双方的劳动合同、国外的劳动合同等文本之间保持一致，或者对不同文本的适用关系予以明确约定/规定，以避免在确定薪酬福利标准时出现分歧，从而防范劳动争议的发生。

3. 原则上，外籍女员工的生育不应适用我国计划生育政策的相关规定，由于目前法律对该问题尚未作出明确规定，故用人单位对该问题可按照国民待遇的原则予以处理。

4. 对于符合条件的外国人，用人单位应当与其签订无固定期限劳动合同，同时对其被安排在集团内部不同企业流转的相关工龄应连续计算。

# 专题十：企业关、停、并、转

一、案例背景介绍

二、具体安置过程

三、小结&律师建议

企业关、停、并、转在集团型企业内部时有发生，集团型企业的子公司、分公司因发生关闭、停产、合并、转产和搬迁等事项而引发的人员安置问题，是集团型企业不得不关注的，也是较为复杂和敏感的问题。

根据笔者对近百家集团型企业的调研，发现在集团型企业关、停、并、转的过程中，企业关闭和合并的比率较高。在企业关闭中，一般采取与员工协商解除劳动合同为主，终止劳动合同为辅的人员安置方式；在企业合并中，接近 1/3 的企业选择由合并后的企业继续履行原劳动合同，另外，与员工协商解除劳动合同也是部分企业选择的安置方式。

下面笔者将通过介绍一则集团型企业中子公司的关闭、合并、转产和搬迁的案例，来和读者一起探讨集团型企业在关、停、并、转的过程中，人员安置方面的相关法律与实践问题。

## 一、案例背景介绍

W 集团公司系一家以研发、生产和销售电子产品为主的美国上市公司，其在中国的上海、天津、广州等地有多家全资子公司，这些子公司主要以生产为主，其产品基本外销。2009 年上半年，因受国际金融危机的影响，以及在中国上海用工成本的日益增长，W集团公司亚洲总部决定调整其在中国的经营战略，决定将成本较高的上海工厂VW电子公司的大部分生产线转移至成本较低的东南亚国家，将VW电子公司提前解散关闭。

W集团公司决定关闭VW电子公司时，涉及约400名员工的安置问题。其中，约150名员工已签订无固定期限劳动合同，约100名员工系劳务派遣员工，另外约150名员工签订了固定期限劳动合同。所涉及的约400名员工中，生产一线的操作工约占一半的比例，操作工中“4050人员”约占25%。

W集团公司希望在2009年年底前，平稳解决这400名员工的安置问题；W集团公司决定从2009年6月份开始，陆续关闭部分生产线，且自2009年10月份开始至2009年年底，生产线就全部处于停工、停产状态，于2009年年底人员安置基本结束。考虑到VW电子公司于停产后解散前的时间段内，还需要少部分员工协助处理外贸、财务、法律等方面的善后工作，故400名员工中，VW电子公司会留用约20名员工处理后续工作。

另外，VW电子公司成立了工会，工会中有工会主席、副主席各1名，工会委员5名，工会委员会尚结余一小部分资金；VW电子公司未建立职工代表大会制度。

## 二、具体安置过程

此次VW电子公司关闭所涉及的员工安置工作，从律师的角度讲，主要分为以下 3 个阶段。

1. 信息调研阶段

该阶段，律师主要是对人员安置过程中可能涉及的材料、信息等进行调研与梳理，为安置方案的拟订提供充分必要的基础支持，主要包括以下调研内容：

（1）对 VW 电子公司的人员结构、组织架构、劳动合同及规章制度等人事管理情况进行全面的调研与梳理，并从调研所获得的信息中，对人员的基本结构、公司的福利待遇等进行归纳总结。

（2）对员工具体信息的调研与梳理，包括员工的年龄、工龄、身体状况以及家庭成员的基本情况等。

（3）与劳动行政部门、工会及个别员工沟通：与劳动行政部门沟通企业目前的状况以及拟采取的措施、方式，使政府行政部门能够了解企业的难处，以得到政府行政部门的支持；与工会及个别员工座谈，以了解员工的想法、所关注的焦点问题，并对所了解到的问题进行归纳总结。

该阶段中，以对员工的信息调研及分析为重点，尽可能详细地对员工个人情况进行摸底调查，另外，与工会及个别员工的沟通，也是非常重要的，这些信息均是安置方案制定的重要依据；律师应根据调研的情况，进行法律分析，并形成书面法律意见，供 W 集团公司管理层决策时参考。

2. 方案制定阶段

高效可行的安置方案是保障人员安置顺利进行的重要条件之一。该阶段，律师主要是通过与W集团公司、VW电子公司管理层的充分沟通，并充分结合信息调研阶段归纳总结出的有效信息，同时依托VW电子公司客观面临的经济情况以及W集团公司可能给予的最大支持，拟订初步的安置方案，随后经过与公司管理层的多次反复讨论、修订，最后定稿。

管理层定稿的安置方案并不是最终方案，这仅是资方制定的方案。因人员安置问题涉及全体员工，所涉及人数也较多，故有必要进行一定的民主程序。即需征求工会和员工代表的意见，与员工协商，给员工话语权的机会，这样可以减少员工认为公司的操作缺乏人性化、缺乏沟通而引致的道德风险。与员工进行协商，符合我国政府集体协商的政策思想，可以争取政府相关部门对此的支持。

一般情况下，工会或职工代表对于管理层制定的方案或多或少会有一些意见或补充，完全赞成的几乎没有；反过来，工会或职工代表也会提出若干意见或建议，管理层完全采纳工会或职工代表的意见也不现实。通常情况下，管理层会部分采纳工会或职工代表的意见，形成最终的安置方案。VW电子公司最终形成的安置方案也是经历了前述的过程，资方代表与工会、职工代表多次磋商，几易其稿，虽然最终的安置方案不能使工会和职工代表完全满意，但经过多次沟通、协商后，工会和职工代表已经从感情上认同了管理层的做法。实践证明，工会和职工代表在后续的人员安置过程中起到了较为积极的作用。

（1）关于安置方案

在信息调研阶段，我们了解到部分青年员工希望能够在 W 集团公司内部的其他子公司谋求合适的职位。鉴于此，W 集团公司对内部子公司、分公司近半年的招聘计划进行了汇总，筛选出部分合适职位提供给 VW 电子公司的员工进行竞聘上岗。在该阶段，我们还了解到大部分“4050 员工”都希望在离开 VW 电子公司后能够继续就业，但由于就业年龄上属于劣势，这部分员工非常希望 W 集团公司能够为他们提供一些技能培训，并向职介所推荐。基于上述调研到的信息，我们在制定方案时，便会考虑协商变更劳动合同主体。

我们充分分析了几种安置方案的利弊，经反复论证，选择了最适合 VW 电子公司的安置方案：以协商解除劳动合同方式为主，以协商变更劳动合同主体与终止劳动合同方式为辅，对劳务派遣人员另行制定方案，分期分批安置。

（2）关于协商解除劳动合同

协商解除劳动合同是此次人员安置方案的核心，协商解除劳动合同方案的优劣直接关系到 VW 电子公司人员安置的成功与否。

拟订方案时，我们定了几个原则：方案应鼓励先与公司协商解除劳动合同的员工，对于“4050 人员”可以给予一定的再就业补助，对于是家庭唯一就业者的员工给予一定的考虑，对于患有重大疾病的员工给予一定的补助，对于已签订无固定期限劳动合同的员工给予一定的考虑等。

鼓励先与公司协商解除劳动合同的员工，这条原则很重要，如果方案中该原则没有被有效地体现出来，将会导致员工迟迟不愿意与公司协商解除劳动合同的被动局面。

在与工会沟通及协商安置方案的过程中，工会委员会决定将其部分工会经费用于员工安置，主要是用于对已签订无固定期限员工的补助，VW 电子公司工会的该举措赢得了员工和公司管理层双方的好评与信任。

（3）关于协商变更劳动合同主体

协商变更劳动合同主体方式主要是针对部分有在集团内求职意愿的青年员工而设定，该部分员工经过集团内部的招聘、应聘，已拿到集团其他子公司的 OFFER。在该方式下，经 VW 电子公司、其他子公司以及员工三方协商一致，员工与 VW 电子公司解除劳动合同关系，同时与其他子公司建立劳动关系，员工在 VW 电子公司的工龄，则在其他子公司累计计算，VW 电子公司不再支付其经济补偿金，关于员工在其他子公司的岗位、福利待遇等则以双方签订的劳动合同为准。

（4）关于终止劳动合同

终止劳动合同方式是针对最终无法与 VW 电子公司协商解除劳动合同，且协商变更劳动合同主体也未果的个别员工。对于该个别员工，VW 电子公司选择依法与其终止劳动合同。这里涉及的关键点是，何时 VW 电子公司可以与员工终止劳动合同，是 VW 电子公司股东会或董事会作出提前解散关闭的决定之时，还是相关政府部门作出批准同意 VW 电子公司解散关闭之时，抑或是 VW 电子公司在工商行政部门登记注销之时。根据我国《劳动合同法》第四十四条的规定，用人单位决定提前解散的，劳动合同可以终止。但由于外商投资企业的设立、解散等必须经外经贸部门的批准，故实践中存在用人单位决定提前解散，但未得到相关部门的批准的情况。如果仅以用人单位决定提前解散为劳动合同终止的时间点，存在不确定性；由于工商注销登记是一个企业解散的最后程序，如果以工商注销登记为劳动合同终止的时间点，存在操作上的障碍；故笔者认为，本案例中，以外经贸部门批准用人单位提前解散为劳动合同终止的时间点，既符合法律规定，又具有可操作性。

(5) 关于劳务派遣员工的安置

在案例背景介绍中，已提到 VW 电子公司的人员构成中，约有 100 名劳务派遣员工，由于劳务派遣员工的特殊性，我们针对该部分人员另行制定了安置方案。考虑到集中安置存在较大的风险，我们制定了分步安置的方案，即先安置劳务派遣员工，再安置有劳动合同关系的员工。对于劳务派遣员工的安置方案，我们采用协商解除聘用关系为主，将劳务派遣员工退回劳务公司为辅的方案。

关于协商解除聘用关系，是指 VW 电子公司、劳务派遣公司与劳务派遣员工三方协商一致，解除相应的聘用关系、劳动合同关系等，同时由 VW 电子公司向员工支付经济补偿金等款项。

关于将劳务派遣员工退回劳务公司，主要是针对在与劳务派遣员工协商未成的情况下，将员工退回劳务公司。因为VW电子公司决定解散关闭，故在与劳务派遣公司谈判时，可采取的退回方式是，VW电子公司与劳务派遣公司解除劳务派遣协议。根据派遣协议的规定，VW电子公司将未能协商解除聘用关系的劳务派遣人员退回劳务公司，并对劳务派遣人员于无工作期间支付其最低工资以及社会保险等，直至劳务派遣人员重新上岗或劳动合同到期。

（6）关于停工、停产

安置方案中对于生产线停产所涉及的员工，先采取停工放假的形式，在停工放假期间，VW电子公司向停工放假员工发放最低工资；员工所在的生产线停产关闭后，员工将一直处于停工放假状态，VW电子公司同时向其发放最低工资，直至员工与VW电子公司协商解除劳动合同或终止劳动合同。

由于对员工在停工放假期间发放最低工资，故停工放假时间越长，最终在给员工计算经济补偿金时，所依据的员工平均工资就越低，这样对于工龄较长的员工，其经济补偿金将会减少，故对于生产线停工、停产所涉及的员工停产放假，发放最低工资，这种方式对于实行分期、分批安置非常有效。

（7）关于分期、分批

VW电子公司拟从2009年6月份开始，陆续关闭部分生产线，且自2009年10月份开始，生产线全部停工、停产，于2009年年底人员安置基本结束。这其中涉及三个时间段：第一段，2009年6月份到2009年10月份生产线部分停产时间段；第二段，2009年10月份到2009年年底生产线全部停产时间段；第三段，2009年年底至VW电子公司解散关闭时间段。

安置方案采取分期、分批安置的方式，每关闭一条生产线，即开始对所涉及的员工进行安置，到2009年年底，人员安置基本结束；对于第三段所涉及的员工，即到2009年年底协商解除劳动合同还未果的员工，将不再适用协商解除劳动合同的安置方案，直接适用终止劳动合同的方式进行安置。

（8）关于留用人员

VW电子公司于停产后解散前的时间段内，即自2009年年底至解散关闭的时间段内，还需要少部分员工协助处理外贸、财务、法律等方面的善后工作，故VW电子公司会留用约20名员工处理后续工作。

安置方案中对于该部分留用人员，另行制定了方案，在适用整体协商解除劳动合同方案的同时，对于留用期间的权利义务进行了约定，目的是既要激励该部分留用人员积极完成留用期间的工作任务，又不能影响整体的员工安置工作。

对于留用人员的选择，也是个技巧问题，留用人员选择得好，既可以有效完成后续善后工作，也有利于整体安置工作的进行。

3. 方案实施阶段

安置方案定稿后，VW 电子公司组成了人员安置工作小组，具体实施安置方案，该工作小组包括人事部门相关人员、工会委员等。工作小组的成员各行其职，进行有效的分工与合作。在此阶段，谁负责开场白，谁负责主要谈判，谁负责办理相关手续等，均须分工明确。该阶段，主要包括以下 4 项重点工作：

（1）对工作小组成员进行操作辅导

该项工作主要由律师团队承担，辅导的侧重点是在执行方案过程中需注意的问题及操作技巧，包括开场白怎么说，常见问题的回答等，建议形成书面文稿。

（2）公示安置方案

分期、分批召开员工大会，张贴停工、停产公告及安置方案等，向相关员工公布安置方案，并对方案进行解读，此时律师要全程陪同，如遇法律问题，提供现场咨询。

（3）签署协议，办理手续

选择合适的场地办理相关手续，因生产线是陆续关闭，为不影响生产，可以考虑选择离公司较近的安静的地方进行安置工作；安置现场可以有多个办事窗口，可以包括补偿金查询、签署协议、办理退工手续、法律咨询等窗口。

（4）与个别员工协商谈判

在安置方案实施过程中，不可避免地会出现部分员工单独或群体性找公司谈判，要求解决某个历史遗留问题或出难题给公司，此时，工作小组成员应冷静对待，不疾不缓。对于员工提出的问题，应尽可能作出回答，当然该答复必须是经过工作小组与律师团队协商一致的结果，答复是慎重的、正式的，不合适的答复会给安置工作造成困扰，甚至会影响整体安置工作，引发群体性劳动争议案件。在此阶段，律师发挥着非常重要的工作，可以说，此时的每个回复、每句话，都要字斟句酌，既要符合法律规定，又要适合 VW 电子公司的实情，既要解答员工的困惑，又要促使员工尽快签署协商解除劳动合同的协议。

## 三、小结 & 律师建议

在 W 集团公司、VW 电子公司、律师团队的全面努力及当地政府的支持下，VW 电子公司的约 400 名员工的安置工作在历经半年左右的时间后，分期、分批顺利完成。

在整个案件的办理过程中，作为律师，感受颇深。律师在办理人员安置案件时，特别是办理人数较多、批次较多的大规模人员安置时，当面对若干员工的质问时，当面对随时可能发生的群体性事件时，除了应具备扎实的劳动法律知识外，还应具备沉着冷静、随机应变的能力。每个企业均有其特殊性，所涉及员工的背景也是千变万化，对于办理人员安置案件的律师来讲，的确是个很大的挑战；而作为律师，在处理各类人员安置案件中，也需不断总结经验与不足，以便能给客户提供更好的法律服务与支持。

在办理集团型企业人员安置案件时，更要考虑集团的整体情况，既要考虑集团中其他公司以往的人员安置案例，也要考虑以后可能会出现的大量人员安置的情况，尽量避免安置方案前后差别太大，更要避免前后安置方案的冲突，在安置过程中，尽可能保持集团的整体性。

# 专题十一：劳务派遣

# 第一部分

## 劳务派遣相关法律法规政策的适用

一、劳务派遣有法可依

二、以案“看”法

# 第二部分

## 劳务派遣相关法律法规政策的完善

一、劳务派遣相关立法仍显不足

二、以案“盼”法

三、小结&律师建议

劳务派遣近几年在我国获得膨胀性发展。这一特殊用工方式，有效使得企业能够在“用人”的同时，不需承担作为用人单位应支付的大量人力资源成本，如招聘成本、劳动保障成本等；同时，劳务派遣也增强了企业用工的灵活性。因此，劳务派遣近年来深受企业的青睐。鉴于此，有人认为劳务派遣方式更多是资本的选择而不是劳动者的选择，这话不无道理，增利润降成本是每个企业所追求的，而以劳务派遣方式降低用工成本就成了帮助企业达到目的的方式之一。在这种情况下，被派遣劳动者的权益极易受到侵犯，而进行立法规范以尽力保护被派遣劳动者的权益就显得格外重要。目前我国的劳务派遣相关法律法规政策，正处在制定、完善的过程中。对于劳务派遣实践中的一些问题，相关法律法规政策已经给出了依据，企业所需要的就是学法懂法，依法操作；与此同时，更多的问题也在实践中逐渐暴露出来，对此相关法律法规政策尚未作出规定。另外，在适用已有规定时，对有些规定也出现了各种理解上的不同，这些都亟待法律上作进一步的明确。

# 第一部分
# 劳务派遣相关法律法规政策的适用

## 一、劳务派遣有法可依

我国的劳务派遣用工始于20世纪80年代，快速发展于20世纪90年代，并持续活跃发展至今，它是社会主义市场经济条件下一种重要的就业形式和用工制度，在优化配置人力资源方面发挥着有效作用，在一定程度上也有利于解决就业问题。但同时，也存在着劳动者权益屡遭侵害，寻求保护却遭用人单位、用工单位相互推诿的尴尬局面。

为了保护劳动者权益，使得劳动者维权之路能够更加畅通，国家近年来积极出台了一系列法律法规政策，用以明确劳务派遣各方主体之间的权利和义务关系，以规范劳务派遣这一用工形式。在这些法律法规政策中，有些专章独节地对劳务派遣作出规定，例如，2008年1月1日起实施的《劳动合同法》、2008年9月18日起实施的《劳动合同法实施条例》等；有些则在规范相应问题时，不忘对劳务派遣这一特殊用工形式作出规定，例如，2008年5月1日起实施的《劳动争议调解仲裁法》、2010 年 7 月 1 日起实施的《侵权责任法》、2011 年 4 月 1 日起实施的《涉外民事关系法律适用法》等。

各项法律法规政策应运而生，为实践中因劳务派遣用工形式而产生的多项争议的处理提供了解决依据，也为劳务派遣关系中各方主体的行为作出了方向性的指导。

## 二、以案“看”法

### （一）案例一：劳务派遣的期限及退回条件

#### 1. 案情介绍

某科技公司欲招聘一名技术人员，经与其常年合作的某劳务派遣公司推荐，科技公司面试了 3 名应聘者，最终，小王脱颖而出，于是劳务派遣公司与小王签订了《劳动合同》，并将其派遣至科技公司担任技术人员。双方在《劳动合同》中约定：双方劳动合同期限与乙方（小王）为某科技公司实际提供劳务的时间相一致，如科技公司终止或退回乙方（小王），则视为双方劳动合同期限届满，甲方（劳务派遣公司）有权依此终止双方劳动合同。试用期通过后，小王在科技公司正式上岗。工作一段时间后，小王发现科技公司的非劳务派遣人员李某与自己在公司任同样职位，工作内容也基本相同，但除了基本工资高于自己 10% 以外，还享有岗位工资，小王认为自己受到了不公平对待，即向劳务派遣公司以及科技公司提出，应依法享有同工同酬的公平待遇，但两公司均置之不理，科技公司更是以小王打听属于保密信息的他人薪资信息的行为已构成严重违反规章制度为由，将小王退回劳务派遣公司。劳务派遣公司随即依据双方《劳动合同》中的前述约定，终止了与小王的劳动合同。

2. 争议焦点

（1）双方签订的《劳动合同》中，关于劳动合同期限的约定是否合法有效?

《劳动合同法》第五十八条对劳务派遣单位、用工单位及劳动者的权利义务作了原则性的规定，其中第二款明确规定："劳务派遣单位应当与被派遣劳动者订立二年以上的固定期限劳动合同，按月支付劳动报酬；被派遣劳动者在无工作期间，劳务派遣单位应当按照所在地人民政府规定的最低工资标准，向其按月支付报酬。"

由此，本案例中某劳务派遣公司作为劳务派遣单位与作为被派遣劳动者的小王签订的《劳动合同》的期限依法应符合两项条件：第一，二年以上；第二，固定期限。而按照双方在《劳动合同》中的约定，劳动合同期限并不固定，也无法判断是否在二年以上，这显然是不符合法律规定的。

小王可以依法要求劳务派遣公司与其订立二年以上固定期限的劳动合同。这样一来，即使小王在劳动合同期限内因出现法定过错被科技公司退回，抑或与科技公司的劳务关系先于劳动合同到期终止，都不会影响其与劳务派遣公司劳动关系的继续存在。劳务派遣公司应当继续为小王寻求合适的派遣机会，并在其无工作期间，按照不低于当地的最低工资标准，按月向其支付报酬，以保障小王的基本生活；或是在小王存在法定过错的情况下，依照《劳动合同法》的规定与其解除劳动合同。

（2）科技公司是否有权将小王退回劳务派遣公司？

《劳动合同法》第六十五条是关于劳务派遣中劳动合同解除事项的规定。

其中，第一款规定了被派遣劳动者有权与劳务派遣单位解除劳动合同的情形，具体内容为：被派遣劳动者可以依照本法第三十六条、第三十八条的规定与劳务派遣单位解除劳动合同。第二款规定了用工单位的退回权以及劳务派遣单位的解除劳动合同权，具体内容为：被派遣劳动者有本法第三十九条和第四十条第一项、第二项规定情形的，用工单位可以将劳动者退回劳务派遣单位，劳务派遣单位依照本法有关规定，可以与劳动者解除劳动合同。

这样一来，判断作为用工单位的科技公司是否有权依法退回被派遣劳动者小王，则要看小王是否存在《劳动合同法》中第三十九条或第四十条第一项、第二项规定的情形。本案例中，科技公司是以小王打听属于保密信息的他人薪资信息的行为已构成严重违反规章制度为由，将小王退回。根据《劳动合同法》第三十九条，劳动者严重违反用人单位的规章制度的，用人单位可以解除劳动合同。如果科技公司的规章制度中明确了他人薪资属于保密信息，打听他人薪资行为属于严重违纪行为，并且该规章制度已履行了法定民主程序并向小王公示，小王也确实存在打听他人薪资的事实，则尽管作为被派遣员工，小王仍有遵守用工单位规章制度的义务，其一旦构成严重违纪行为，科技公司有权依法将其退回。

针对此处说点题外话，即使科技公司的规章制度确有此规定，也未必能够顺理成章适用《劳动合同法》第三十九条。因为单位虽有权通过规章制度对员工进行管理，但何为严重违纪行为毕竟属于可以依法解除劳动合同的对员工切身利益会产生很大影响的规定，该规定必须合法且合理，笔者个人认为，秘薪制虽是合理的制度，但将打听他人薪资这一行为规定为严重违纪，稍显过度，其合理性存在问题，如出现争议，不一定当然得到法律的支持。如能将打听他人薪资与因此行为造成的较大影响相结合，规定为严重违纪行为，在合理性上就会增强不少。

3. 小结 & 律师建议

有人提出，《劳动合同法》关于劳务派遣单位与被派遣劳动者劳动合同期限应为二年以上固定期限的规定，与其第六十六条规定的劳务派遣一般在临时性、辅助性或者替代性的工作岗位上实施内容前后矛盾。

的确，采用劳务派遣用工形式的初衷是为了解决具备临时性、辅助性、替代性三性的用工需求，然而，为杜绝劳务派遣中用人单位故意在劳动合同中不约定具体的合同期限，而是约定以劳务派遣协议中约定的工作时间，或者劳务派遣工为接收单位提供劳动的实际时间为准，同时也为更好地维护被派遣员工的权益不受侵害，法律规定了劳动合同最低期限，并同时规定在劳动者无工作期间保障其生活的条款。

由此可见，在规范用工形式、范围与维护劳动者权益之间，对劳动者权益的维护是法律所优先考虑的。

基于法律这种倾向性的原则，同样地，如上所述，在与劳动者解除劳动合同时，用人单位也应抱持谨慎为之的态度。

从我们对集团型企业的调研结果来看，高达92%的企业在非技术岗位、非核心岗位中使用劳务派遣工，尽管非技术、非核心岗位不一定完全符合法律有关临时性、辅助性、替代性的用工要求，但由于法律法规尚未对以上三性的具体定义进行明确，目前来看，大部分集团型企业使用劳务派遣工的岗位并未违背法律的要求。

相对其他企业来说，集团型企业由于各项制度较为健全，且更加重视合规操作，愿意听取专业意见，对于法律有明确规定的一般都能较好遵守，而在没有明确规定的内容上，如果能够多考虑合理性，同时把握劳动法规政策之维护和谐劳动关系，保护劳动者权益的原则，定能使集体企业的内部管理更加完善。

### （二）案例二：被派遣劳动者的加班工资由谁支付？

1. 案情介绍

2009年8月，张某作为劳务派遣员工，被派到北京市一家从事手机经销的公司任促销员。因工作需要，张某经常在节假日加班，但从未收到劳务派遣公司或手机经销公司支付的加班费。半年后，张某要求手机经销公司支付自己节假日期间的加班费，但被拒绝，理由是按照法律规定，加班工资属于劳动报酬，应当由与之建立劳动关系的用人单位支付，手机经销公司与劳务派遣公司签订的劳务派遣协议以及手机经销公司与张某签订的劳务合同，均没有约定手机经销公司有支付劳务派遣人员加班工资的义务。于是，张某便向劳务派遣公司提出支付其加班费的要求，劳务派遣公司以其从未安排张某在节假日加班为由予以拒绝。无奈中，张某只好将劳务派遣公司和手机经销公司一起诉至劳动争议仲裁委员会，要求两被告共同支付其加班工资。

经调查，劳动争议仲裁委员会查明张某确有在节假日加班而未获加班工资的事实存在。最终，仲裁委员会判定张某的加班费由手机经销公司（用工单位）支付，劳务派遣公司承担连带责任。

2. 争议焦点

被派遣劳动者的加班工资应由谁支付？劳动者付出劳动，

取得相应报酬，自是毋庸置疑。在劳务派遣用工中，因劳动关系与用工关系相分离，才会出现本案例中用人单位与用工单位相互推诿的状况。在常规劳动关系中，劳动者向用人单位提供劳动，用人单位是支付各项劳动报酬的责任主体；而在劳务派遣中，支付劳动报酬的责任主体按理说应为用人单位，然而，劳动者向用工单位提供劳动，用工单位因此获益，由用工单位支付获益的对价，似乎更为合理。

《劳动合同法》第六十二条对用工单位的义务进行了规定，其中第一款明确：用工单位应当履行下列义务：

（1）执行国家劳动标准，提供相应的劳动条件和劳动保护。

（2）告知被派遣劳动者的工作要求和劳动报酬。

（3）支付加班费、绩效奖金，提供与工作岗位相关的福利待遇。

（4）对在岗被派遣劳动者进行工作岗位所必需的培训。

（5）连续用工的，实行正常的工资调整机制。

据此，加班费、绩效奖金、与工作岗位相关的福利待遇，均与实际用工关系紧密，并且，这些报酬的金额无法像基本工资一样事先确定。因此，由用工单位据实核算并承担支付义务更合情理。但劳动派遣单位并不能因此而免除一切责任，《劳动合同法》第五十八条规定，劳务派遣单位是本法所称用人单位，应当履行用人单位对劳动者的义务。加班费属于劳动报酬，支付劳动报酬是用人单位的义务。更何况，作为用人单位，劳务派遣单位有责任保障其所派遣劳动者的合法权益，有义务监督用工单位依法向被派遣劳动者支付劳动报酬。

相应地，《劳动合同法》第九十二条规定，劳务派遣单位违反本法规定，给被派遣劳动者造成损害的，劳务派遣单位与用工单位承担连带赔偿责任。

同时，《劳动争议调解仲裁法》第二十二条第二款规定：劳务派遣单位或者用工单位与劳动者发生劳动争议的，劳务派遣单位和用工单位为共同当事人。

法律不仅明确了劳务派遣单位与用工单位对于被派遣劳动者遭受的损害承担连带责任，同时规定被派遣劳动者寻求法律途径时可向二者共同主张权利，从而有效解决了由于劳务派遣单位与用工单位相互推卸责任而导致的被派遣劳动者求助无门的问题。

3. 小结 & 律师建议

本案例中，劳务派遣单位和用工单位对于弥补被派遣劳动者遭受的损害承担连带责任，不分主次；而在被派遣劳动者在工作中导致他人损害的侵权责任的承担上，却有些不同。

《侵权责任法》第三十四条规定了劳动者在工作期间造成他人损害时，侵权责任由用工单位承担，其中第二款规定：劳务派遣期间，被派遣的工作人员因执行工作任务造成他人损害的，由接受劳务派遣的用工单位承担侵权责任；劳务派遣单位有过错的，承担相应的补充责任。

在劳务派遣中，被派遣劳动者直接接受用工单位的指示和管理，劳动所产生的成果归属于用工单位，因此，相应地，如在完成工作任务期间侵犯了第三人的权益，按照侵权责任的承担原则，由劳动成果归属人，即用工单位承担侵权责任。尽管劳务派遣单位在此情况中也可能承担部分责任，但受到一定限制：第一，劳务派遣单位有过错。例如，在选派被派遣劳动者时，用工岗位需要一定的资质认证，而劳务派遣单位并未对劳动者的资质进行验证确认，导致侵权行为的发生等。第二，劳务派遣单位承担的责任与其过错相对应，即仅在其过错范围内承担责任。不过这个范围并没有可以量化的标准，需要凭借主观判断自由裁量。第三，劳务派遣单位承担的是补充责任，即劳务派遣单位与用工单位承担责任有主次之分，只有当用工单位承担的责任尚未完全的情况下，劳务派遣单位才在剩余部分中承担与其过错相应的责任。

集团型企业多为劳务派遣中的用工单位，在使用劳务派遣员工降低用工成本、优化人力资源配置的同时，也不能忽略肩负的责任，只有在用工管理中规范流程、严守纪律、加强监管，才能最大限度地降低用工风险。

# 第二部分
# 劳务派遣相关法律法规政策的完善

## 一、劳务派遣相关立法仍显不足

对于传统劳动关系的法律法规政策，林林总总，尚且未能解决全部难题；而劳务派遣，涉及三方主体，夹杂劳动关系与非劳动关系，目前实施的法律法规政策还远不足以解决现实中的种种问题。我们的困扰、疑问，归根结底在于各执一词，无据可依。因此，在规范劳务派遣这一用工形式上，我们仍有很远的路要走。

## 二、以案“盼”法

1. 案情介绍

某劳务派遣公司招聘了软件工程师李某，并与其签订了为期3年的劳动合同，随后将其派遣至一家软件公司工作。劳务派遣公司与软件公司签订的《劳务派遣协议》中约定：被派遣劳动者存在以下情形之一的，软件公司有权将被派遣劳动者退回劳务派遣公司：有《劳动合同法》（中华人民共和国主席令第六十五号）第三十九条和第四十条规定的情形的。

两年后，软件公司位于加拿大的总部受金融危机的影响，业务量严重萎缩，并连年亏损，遂向当地司法机关申请了破产保护，同时，该公司总部作出决定，撤销中国区所有设计部门。李某所在设计部门将被撤销，软件公司于是向李某发出书面通知，称因总部决定撤销李某所在部门，客观情况发生重大变化，遂要求李某于30日内在公司内部寻找其他职位，30日后，如李某无法找到其他职位，则依据《劳动合同法》第四十条第三项会将其退回劳务派遣公司。李某认为，劳务派遣公司与软件公司签订的《劳务派遣协议》中关于退回的情形约定未经自己同意，且违反法律规定，应属无效，软件公司无权依据该条退回自己；而软件公司则认为，法律并未禁止劳务派遣公司与用工单位在《劳务派遣协议》中约定退回条款，且法律仅规定了将《劳务派遣协议》内容告知劳动者的义务，并未规定需要征求劳动者的同意，因此，该约定有效。

2. 争议焦点

《劳务派遣协议》中是否能够约定退回情形？关于被派遣劳动者的退回这一问题，仅《劳动合同法》第六十五条第二款作出了规定，即被派遣劳动者有《劳动合同法》第三十九条和第四十条第一项、第二项规定情形的，用工单位可以将劳动者退回劳务派遣单位，劳务派遣单位依照本法有关规定，可以与劳动者解除劳动合同。

对此，有两种理解。

一种理解认为，该条规定的退回条件是法定退回条件，除此之外，由劳务派遣单位与用工单位在《劳务派遣协议》中约定的适用退回的情形，是约定退回条件，同样有效。该条文的立法目的着重在于，规制劳务派遣单位的解除劳动合同权。亦即，只有依照《劳动合同法》第三十九条和第四十条第一项、第二项规定将劳动者退回的，劳务派遣单位才能以此为依据，依法解除与劳动者的合同，而不在于对用工单位的退回权的限制。

另一种理解认为，该条文规定的退回条件即法律赋予用工单位在特定情形下的退回权，用工单位只有在此情形下才得以依法行使退回权，相应地，劳务派遣单位也只有对被依法退回的劳动者才享有解除劳动合同权。

就条文内容来看，确实可有两种不同的理解。

而《劳务派遣协议》中约定的退回条款究竟是否有效，是否存在所谓的“约定退回”呢？

笔者个人认为，《劳务派遣协议》中约定的退回条件对被派遣劳动者并不具备法律效力，用工单位依据此退回被派遣劳动者，劳务派遣公司进而据此解除与劳动者的劳动合同存在法律风险，理由有三：

理由一：《劳务派遣协议》的性质决定其无权“约定退回”。

《劳务派遣协议》是劳务派遣单位与用工单位双方协商一致签订的民事协议，依法应当具备派遣岗位和人员数量、派遣期限、劳动报酬和社会保险费的数额与支付方式，以及违反协议的责任等与劳务派遣相关的内容。《劳动合同法》第六十条规定："劳务派遣单位应当将劳务派遣协议的内容告知被派遣劳动者。"

而根据《劳动合同法》第四条的精神，用工单位在制定或决定直接涉及劳动者切身利益的规章制度或者重大事项时，必须经过民主以及公示程序才能对劳动者产生约束力。退回及解除合同，显然直接涉及被派遣劳动者的切身利益，而协议内容仅由劳务派遣单位和用工单位协商确定，并无任何民主可言，被派遣劳动者也只有被告知的权利，而对内容没有任何建议、反对的权利。以此仅体现劳务派遣单位和用工单位两方意志的内容来约束被派遣劳动者，显然违背公平原则与劳动法的精神。

理由二：从法律规定本身可推断"约定退回"存在不合理性。

《劳动合同法》第六十五条第二款规定了退回的条件限于劳动者存在该法第三十九条、第四十条第一、第二项规定的情形，而该法规定的用人单位有权解除劳动合同的情形见于第三十九条、第四十条、第四十一条，显然，这里作了取舍。我们不妨分析一下取舍的标准和依据，第三十九条是劳动者由于故意或重大过失出现过错的情形，第四十条第一、第二项是劳动者因不可归咎于其主观意志的状况而导致的不再具备胜任能力的情形，综合来看，都是因劳动者主观或客观上的问题造成的；而第四十条第三项、第四十一条，都是用人单位因客观情况发生重大变化或经营状况出现问题而不可归责于劳动者的原因造成的情形。由此可见，出于对被派遣劳动者合法权益的保护，法律规定了更为严格的退回条件，即只有因劳动者本人原因而造成的情形下，才适用退回。而如果“约定退回”有效，则法律的取舍将变得不具有意义，这显然是不合理的。

理由三：“约定退回”不符合对被派遣劳动者权益的保护原则。

之前案例一中我们提到，被派遣劳动者由于用人与用工相分离，常常出现两边“够不着”的情况，合法权益极易受到侵害，因此，法律对被派遣劳动者给予更强的保护。“约定退回”一旦被确认，则会出现滥用“约定退回”使退回变得“轻松又随意”的可怕局面，这无疑是对被派遣劳动者权利的践踏。

以上仅是笔者的个人观点，毕竟相关部门没有给出有力的法律或政策依据来明确孰是孰非，因此得以在此小抒己见。

## 三、小结 & 律师建议

集团型企业由于规模较大，在经济交往、社会交往中常常占据强势地位，但需要注意的是，在签订《劳务派遣协议》

时，应尽量避免约定退回条件，即使出于各种考虑，约定了退回条件，也请尽量使其具备合理性，经得起推敲。在实际适用时，更是要慎之又慎，以免侵犯了被派遣劳动者的权益，破坏了和谐的用工关系，造成不良影响。

除上述关于“约定退回”有效性的疑惑外，还有许多问题等待明确，诸如《涉外民事关系法律适用法》第四十三条规定，劳务派遣，可以适用劳务派出地法律。既然法律用的是“可以”，而非“必须”，那么是否可以通过约定确定适用的法律？争议发生后，被派遣劳动者是否可以要求选择适用对自己更有利的法律？跨地区派遣时，《劳动合同法》第六十一条规定，被派遣劳动者享有的劳动报酬和劳动条件，按照用工单位所在地的标准执行。那么，被派遣劳动者是否享有要求按照《劳动合同法实施条例》第十四条的规定，约定按照标准更高的劳务派遣单位所在地的有关标准执行呢？诸如此类。

在这些疑问由官方给出解答之前，用人单位应当保守对待，尽可能地维护被派遣劳动者的权益，这样才能最大程度地避免法律风险。

尤其对于集团型企业，其规模大，分支机构众多，且遍布于各个地区甚至国家，尽管各地政策迥异，但调研结果仍显示，集团型企业大多采取统一适用总部的政策，可谓“牵一发而动全身”，一旦出现问题，争议便会接二连三地发生，不仅会对内部人力资源管理产生冲击，也会令其社会评价面临降低的风险。如果集团型企业能够本着公平、平等、尊重、关爱的原则，制定保护劳动者利益的政策，并统一贯彻，那么，在最大限度地避免用工风险的同时，还能够形成优秀的企业文化，增强企业向心力、凝聚力，提升社会评价，在形成和谐劳资关系的同时，还可获得品牌升值这一无形的宝贵财富。

# 专题十二：职代会与工会

# 第一部分

## 职工代表大会

一、何谓职工代表大会

二、职代会的职权及其在企业民主管理中的作用

三、企业是否要组建职代会

四、小结&律师建议

# 第二部分

## 工会

一、何谓工会

二、工会的相关职责及其在企业民主管理中的作用

三、企业一定要组建工会吗

四、“工会干部”在劳动关系中所受的特殊保护

五、小结&律师建议

近年来，民主管理已成为社会关注的焦点。究其原因，一方面，是由于劳资纠纷频繁发生，尤其是群体性、暴力性劳资矛盾对社会稳定造成了严重影响，因此从国家到地方都希望在原有个体劳资关系调节机制外，建立群体性的调节机制，即建立企业内部的民主管理制度；另一方面，企业民主管理作为基层民主管理的形式，也被从上到下予以大力推广。对于企业而言，民主管理形式主要包括职工代表大会和工会两种，下面将分别对二者进行详细分析。

# 第一部分 职工代表大会

## 一、何谓职工代表大会

职工代表大会（以下简称“职代会”）或者职工大会[①]是企

① 两者无本质区别，只是基于企业职工人数（多数地方均以100人为界）的多寡而区分的两种不同形式。

业实行民主管理的基本形式，是协调劳动关系的重要制度，是职工行使民主权利的机构。

早在1986年国务院就发布了《全民所有制工业企业职工代表大会条例》（以下简称《条例》），由此以行政法规的形式确立了职工代表大会成为该类型企业实行民主管理的基本形式。但是随着我国经济的发展以及经济主体形式的增多，企业民主管理立法亟待发展。正如中华全国总工会原副主席周玉清指出，《全民所有制工业企业职工代表大会条例》只适用于公有制企业，且其中许多条文已经不能适应现代企业制度下的新情况。《条例》中规定的职代会决定住房分配方案、民主选举厂长等，已经失去意义；把职代会称为职工民主管理的“权力机关”等提法显然很不准确；关于职代会职权的规定与现代企业制度的法人治理结构已不相适应，造成“新三会”（股东大会、董事会、监事会）与“老三会”（党委会、工会、职代会）之间的矛盾等。从非公有制企业来看，民主管理的法律明显缺失。作为企业民主管理基本形式的职代会制度，在《宪法》、《劳动法》、《工会法》、《企业法》和《公司法》等法律中虽都得到了确认，但都只是原则性的规定，在职权、运作方式等方面没有可操作性的具体内容，因而在汇集我国大部分职工的非公有制企业中难以全面推开。①

---

① 周玉清．要加快企业民主管理的立法进程——访全国人大代表、全总原副主席周玉清．工人日报，2007－03－12

当前我国已进入经济社会快速“转型”及由此而引发的各类矛盾集中凸显时期，劳动关系作为最重要的社会关系之一，表现尤为突出。为了保障职工的民主权利、构建和谐稳定的劳动关系，促进各类企事业单位（不限于国企）等组织的共同发展，近年来一些地方政府在民主管理立法（其中职代会立法）的加速推进问题上作了不少有益的探索和尝试。例如，2003 年河北省制定了《河北省企业职工代表大会条例》，新疆、山东、江西、云南、黑龙江和湖南等省区也陆续制定了类似的条例。上海市人民代表大会常务委员会则于 2010 年 12 月 23 日通过了《上海市职工代表大会条例》（以下简称《上海职代条例》）。《上海职代条例》规定了所有企事业单位都应当建立职工代表大会制度，这是对以往主要在国有、集体及其控股的企事业单位中推行这一制度的一大突破。《上海职代条例》的颁布为上海市企事业单位的民主管理提供了较为翔实的法律规范依据，由此将促进上海市企业民主管理的进步和发展。

## 二、职代会的职权及其在企业民主管理中的作用

作为企业民主管理基本形式的职代会制度，在《宪法》、《劳动法》、《工会法》、《企业法》和《公司法》等法律中均被确认并有原则性的规定，但是其具体的职权主要取决于当地职工代表大会条例的具体规定。总体表现为：公有制企业实权多，

虚权少；非公有制企业虚权多，实权少。公有制企业主要指国有、集体及其控股企业。实权主要指审议通过权、民主选举权；虚权主要指审议建议权、民主评议权、监督审查权等。下面将以《上海市职工代表大会条例》为例，来对职代会的职权进行简单阐述。

根据《上海市职工代表大会条例》的相关规定，职工代表大会依法行使审议建议、审议通过、审查监督、民主选举、民主评议等五大职权。

1. 审议建议权

职代会对于企事业单位的发展规划或年度经营管理等重大事项，直接涉及职工切身利益的规章制度的制定修改，工资调整、裁员、重大生产事故或职业危害等事项的集体协商情况，具有听取报告、进行审议及提起建议的权力；对于公有制企业、事业单位的财务预决算、改制改革等事项具有接受审议以及听取其建议的权力。

2. 审议通过权

职代会对于有关劳动标准等涉及劳动者切身利益事项的集体合同草案，以及公有制企业、事业单位的职工薪酬福利、改制安置等涉及劳动者切身利益的重要事项，具有听取报告并且审议通过的权力。

3. 审查监督权

职代会对于自身提案的办理情况、自身审议通过的重要事项的落实情况、集体合同的履行情况，以及企事业单位执行国家劳动卫生标准、社保缴纳等法律法规规定事项的情况，具有听取报告并进行审查监督的权力。

4. 民主选举权

职代会对于民主管理专门小组的成员、董事会和监事会中的职工代表以及其他人员具有选举权。

5. 民主评议权

职代会对于董事会和监事会中的职工代表、公有制企业中的高级管理人员、事业单位中的负责人以及其他人员，具有民主评议权。

综上可见，职代会是职工行使民主权利的机构，是企业实行民主管理的基本形式，在企业的民主管理中具有重要作用。

## 三、企业是否要组建职代会

对于该问题，企业类型不同，答案可能不同。我国《全民所有制工业企业职工代表大会条例》、《全民所有制工业企业法》、《关于在国有企业、集体企业及其控股企业深入实行厂务公开制度的通知》（中发办［2002］13号）等有关法规、政策，很早就明确规定公有制企业应当建立职代会，而且实践中该类型企业一般也建立有职工代表大会，所以这里主要谈一下集团型企业中的非公有制企业（国有、集体及其控股以外的企业）面临的该问题。如前所述，由于我国目前并没有对非公有制企业组建职代会事宜进行全国性的统一立法，因此对于非公有制企业而言，是否必须组建职工代表大会，主要看该企业所在地的当地立法。

对于该问题，我国目前现行的地方立法大致可总结为三大类。第一类，地方相关立法明确规定企业（未区分企业的类型）应当建立职代会制度，如江苏省和上海市。第二类，地方相关立法倡导非公有制企业积极实行职代会制度。例如，北京的相关规定有如下表述："非公有制企业要积极实行职工（员工）代表大会制度，也可以通过工会会员代表大会或其他形式实行民主管理。"第三类，对于非公有制企业的职代会建立事宜当地尚无明确的立法。

在第一类立法中，如果企业未主动依法组建职代会，是否存在罚则，各地的规定也存在不一致的地方。有的地方立法对此种情形规定了明确的罚则，如山东省[①]。有的地方立法对此

① 《山东省企业职工代表大会条例》第二十七条规定："企业及其工作人员违反本条例规定，有下列情形之一的，工会或者有关当事人有权要求县级以上人民政府以及有关部门依法处理：……（二）拒不建立职工代表大会制度的……"

未规定明确的罚则，而只对企业阻挠建立职代会规定有罚则，如上海市。所以，跨区域的集团型企业，在面对此问题时不能一概而论，而应首先对总公司、子公司、分公司等所在地法规进行研究，再依据相关规定分别处理。

以下以上海为例进行具体分析。

### （一）组建职代会是否是企业法定强制性义务

组建职代会对于企业而言是否是法定强制性义务？《上海市职工代表大会条例》第三条明确规定："企事业单位应当建立职工代表大会制度。"从该规定看，上海所有类型的企事业单位都有建立职工代表大会制度的义务。但同时，结合该法第八章罚则部分可以解读出，如果上述单位没有履行建立职代会的义务，却也找不到很明确的罚则。

该法第八章中有关企业建立职代会事项的罚则规定只体现在第四十三条及第四十五条中。第四十三条规定："市和区、县总工会应当将企事业单位实行职工代表大会制度的情况纳入工会劳动法律法规监督检查的内容。对企事业单位违反本条例规定的行为，可以发出工会劳动法律监督整改意见书，要求企事业单位予以改正。对逾期不改正的，可以根据需要向同级国有资产、教育、卫生等主管部门和人力资源社会保障等行政管理部门提出工会劳动法律监督处理建议书，国有资产、教育、卫生等主管部门和人力资源社会保障等行政管理部门应当依法进行调查处理。"第四十五条规定："企事业单位违反本条例规定，有下列行为之一的，由市和区、县人民政府以及相关部门责令改正，对企事业单位法定代表人和有关责任人给予批评教育；拒不改正的，依法处理：（一）阻挠建立职工代表大会制度的；（二）妨碍职工代表大会依法行使职权的；（三）应当提交职工代表大会审议和审议通过的事项，未按照法定程序提交，给职工造成损害的；（四）擅自变更或者拒不执行职工代表大会决议并侵害职工权益的。"

可见，企业如果没有主动建立职代会，该法并没有规定明确的罚则，即便将其定性归为上述"违反本条例规定的行为"，也只是工会提出整改意见，要求企业改正，企业不改正的，则行政管理部门依法进行调查处理。只有当企业"阻挠建立职工代表大会制度的"，该法才明确规定"由市和区、县人民政府以及相关部门责令改正，对企事业单位法定代表人和有关责任人给予批评教育；拒不改正的，依法处理"。然而所谓的"依法处理"，具体是依据何法，如何进行处理，该法并没有进一步进行明确。

因此，在上海，对于上述问题归纳起来可以用三句话来回答。第一，建立职代会是上海所有类型企业的法定义务；第二，企业不主动履行组建职代会义务的，目前来看其罚则并不明确，企业需要及时关注有关部门日后出台的相关细则或者解释；第三，企业不能阻挠建立职代会，否则企事业单位法定代表人和有关责任人将被批评教育，拒不改正者，将被依法处理。

### （二）企业是否有必要组建职代会

如上所述，《上海职代条例》第三条明确规定，企事业单位应当建立职工代表大会制度。其实，要求用人单位建立职工代表大会制度的规定并非突如其来，1995 年 1 月 1 日起施行的《劳动法》[①]、2006 年 1 月 1 日起施行的《公司法》[②]、2008 年 1 月 1 日起施行的《劳动合同法》[③] 都早有涉及，但多为原则性宣示，对具体的形式和操作，并未作详细的规定。《上海职代条例》的出台，将原则性的法律规定进一步充实和细化，使其具有较强的操作性。在上海，严格遵纪守法的用人单位，都应当及时建立健全职工代表大会制度。

## 四、小结 & 律师建议

笔者留意到，部分用人单位对职代会有所顾虑的原因不是职代会的经费问题[④]，而是对职代会认识不清，或认为职代会所行使的民主管理权可能会影响企业的生产经营，或认为职代会是单纯维护职工权利的机构，担心其成为对抗用人单位管理

---

① 例如：《劳动法》第八条。

② 例如：《公司法》第十八条、第四十五条、第五十二条、第六十八条、第七十一条、第一百零九条、第一百一十八条。

③ 例如：《劳动合同法》第四条、第五十一条。

④ 《上海市职工代表大会条例》第二十六条规定："职工代表大会的经费由企事业单位在管理费用中列支。"

层的急先锋。

笔者认为，公司可以警惕可能出现的相关风险，但是也无须过于恐惧。一方面，民主管理权利所对应的是企业管理，而不是企业财产的处置权和生产经营的决定权，另外民主管理权与直接管理权是有区别的。职代会的权利主要体现在职工的知情权、参与权和监督权上。具体而言，对于企业经营管理等重大事项，职代会只有审议建议权，对于涉及劳动者切身利益的若干重要事项才有审议通过权。可见，建立职代会一般不会直接影响到企业的生产经营。另一方面，职代会只是职工行使民主管理权的机构，不是员工维权机构。民主管理仅仅是协商/决策的一种机制，并不当然意味着对抗或纷争。通过职代会这一机制，用人单位可以有效地倾听职工的心声，同时也可以有效地向员工宣导单位的制度和规划，便于凝聚企业的团队力量。如果运作顺畅，则将有一个合理的机制系统来反映员工的诉求。尽管可能有杂音或噪音，但这个渠道终归还是有利于防止突发的群体抗争（例如，罢工）。

因此，在组建职代会问题上，建议用人单位根据自身实际需要，权衡利益，早作规划和准备，顺势而为。

# 第二部分
# 工　会

## 一、何谓工会

### （一）工会概念

《中华人民共和国工会法》（以下简称《工会法》）第六条明确规定："维护职工合法权益是工会的基本职责。"工会的该职责包括通过平等协商和集体合同制度，协调劳动关系，维护企业职工的劳动权益；依照法律规定通过职工代表大会或者其他形式，组织职工参与本单位的民主决策、民主管理和民主监督等。可见，工会与企业的民主管理也具有密切的关系，其是代表、帮助及组织职工参与企业民主管理的重要组织。

那么，到底何谓工会？《工会法》第二条明确规定："工会是职工自愿结合的工人阶级的群众组织。"同时，《中国工会章程》（以下简称《工会章程》）也对何谓工会进行了具体解释："中国工会是中国共产党领导的职工自愿结合的工人阶级群众组织，是党联系职工群众的桥梁和纽带，是国家政权的重要社会支柱，是会员和职工利益的代表。"上述规定明确了工会是一个独立的工人阶级群众组织。其有一套独立的组织体系，在宪法和法律的范围内依据《中国工会章程》独立自主地开展工作。此外，工会具有法人资格。中华全国总工会、地方总工会、产业工会具有社团法人资格；基层工会具备民法规定的法人条件的，依法取得社团法人资格。工会作为法人，依法享有财产权、债权、知识产权等民事权利，并承担相应的民事义务。

### （二）工会与职代会的联系和区别

工会与职代会之间到底有何联系与区别，很多企业对于这个问题都存在疑惑，从而影响到企业相关管理的进行。为帮助读者准确认识这两者之间的关系，下面将对此问题作简要分析和总结。

#### 1. 联系

依据我国现行的工会与职代会的相关规定，工会与职代会两者之间的联系可概括为：职代会与上级工会之间的联系，职代会与本单位工会之间的联系两个方面。

职工代表大会与上级工会的联系：职代会接受上级工会的领导。

职工代表大会与本单位工会的联系：职代会筹建时，工会委员会是“筹委会”，负责职代会的筹建工作；职代会建立后，工会委员会是“常委会”，负责职代会的日常工作。

2. 区别

工会与职代会之间的区别可概括为以下 9 个方面：

(1) 性质方面

工会为组织；职代会则为机构。

(2) 体系方面

工会属于全国性体系；职代会则为单位内部机构。

(3) 组建方面

工会属于职工自愿组建成立；是否要组建职代会，则主要看各地规定，不少地方规定企业应当组建职代会。

(4) 组成方面

工会由会员组成；职代会则由职工代表组成。

(5) 结构方面

工会的结构比较复杂；职代会的结构则相对简单。

(6) 职能方面

工会的主要职责是为职工维权；职代会则是职工的行权机构。

(7) 职权方面

工会具有代表、支持、监督等多项职权；职代会的职权则主要体现为建议、通过、选举、评议、监督、审查。

(8) 财产方面

工会有自己独立的财产，有经费来源；职代会只是一个行权机构，没有自己独立的财产。

（9）政治性方面

工会具有全国性体系，自其产生那天起就具有较强的政治性；职代会只是企业内部职工行使民主管理权的一个机构，政治性较弱。

## 二、工会的相关职责及其在企业民主管理中的作用

《工会法》第六条以及第三章（工会的权利和义务）中对工会的职责及权益作了具体的规定，概括来说，工会的基本职责为维护职工的合法权益，落实到具体工作之中可归纳为以下4个方面。

（1）代表权

如集体协商或“罢工”时，工会代表职工进行协商、谈判等。

（2）监督权

如用人单位单方解除劳动合同前，对工会的告知义务等。

（3）支持权

如职工与用人单位订立劳动合同时或发生劳动争议后，工会对职工的指导、帮助等。

（4）法人权

如工会拥有名称、场所、财产、名誉等。

具体在参与企业民主管理方面，工会相关职责主要表现为：

### 1. 支持和组织职工以职代会等形式参与企业民主管理

具体为：国有企业职工代表大会是企业实行民主管理的基本形式，是职工行使民主管理权力的机构，国有企业的工会委员会是职工代表大会的工作机构，负责职工代表大会的日常工作，并检查、督促职工代表大会决议的执行。集体企业的工会委员会，应当支持和组织职工参加民主管理和民主监督，维护职工选举和罢免管理人员、决定经营管理的重大问题的权力。其他企业、事业单位的工会委员会，依照法律规定，应当组织职工采取与企业、事业单位相适应的形式，参与企业、事业单位的民主管理。

### 2. 对企业经营管理和发展以及涉及职工切身利益的重大事项提起建议

具体为：企业、事业单位研究经营管理和发展的重大问题时，应当听取工会的意见；召开讨论有关工资、福利、劳动安全卫生、社会保险等涉及职工切身利益的会议时，必须有工会代表参加。国家机关在组织起草或者修改直接涉及职工切身利益的法律、法规、规章时，应当听取工会的意见。县级以上各级人民政府制定国民经济和社会发展计划时，对涉及职工利益的重大问题，应当听取同级工会的意见。县级以上各级人民政府及其有关部门研究制定劳动就业、工资、劳动安全卫生、社会保险等涉及职工切身利益的政策、措施时，应当吸收同级工会参加研究，并听取工会的意见。

3. 代表职工通过集体协商、签订集体合同等形式参与企业民主管理

具体为：工会代表职工与企业以及实行企业化管理的事业单位进行平等协商，签订集体合同。工会签订集体合同，上级工会应当给予支持和帮助。

4. 监督企业的民主管理

具体为：企业、事业单位违反职工代表大会制度和其他民主管理制度，工会有权要求纠正，以保障职工依法行使民主管理的权利；企业违反集体合同，侵犯职工劳动权益的，工会可以依法要求企业承担责任；因履行集体合同发生争议，经协商解决不成的，工会可以向劳动争议仲裁机构提请仲裁，仲裁机构不予受理或者对仲裁裁决不服的，可以向人民法院提起诉讼；用人单位单方解除劳动合同前，对工会有告知义务等。

概括言之，工会是代表、组织、帮助职工参与企业民主管理，维护职工参与企业民主管理权益的重要组织。

目前的现行劳动法律法规特别强调，在用人单位单方解除劳动合同中工会的监督权，并且在实务中劳动关系双方也常因对此问题理解不一而引发争议。因此，下面将针对此问题进行专门的总结与分析。

公司单方解除员工劳动合同，如未通知工会，解除行为是否有效？

现行关于工会在企业单方解除劳动合同上监督权的法律规定，主要体现在《劳动法》、《工会法》、《劳动合同法》中。具体为：《劳动法》（中华人民共和国主席令第二十八号）第三十条规定："用人单位解除劳动合同，工会认为不适当的，有权提出意见。如果用人单位违反法律、法规或者劳动合同，工会有权要求重新处理；劳动者申请仲裁或者提起诉讼的，工会应当依法给予支持和帮助。"《工会法》（2001年10月27日起施行）第二十一条第二款规定："企业单方面解除职工劳动合同时，应当事先将理由通知工会，工会认为企业违反法律、法规和有关合同，要求重新研究处理时，企业应当研究工会的意见，并将处理结果书面通知工会。"《劳动合同法》（中华人民共和国主席令第六十五号）第四十三条规定："用人单位单方解除劳动合同，应当事先将理由通知工会。用人单位违反法律、行政法规规定或者劳动合同约定的，工会有权要求用人单位纠正。用人单位应当研究工会的意见，并将处理结果书面通知工会。"

依据上述规定，法律规定的工会监督程序，主要体现了工会在企业单方解雇劳动者时的"知情权"和"不当解雇的纠正权"。

## 三、企业一定要组建工会吗

实践中，不少企业特别是跨区域的集团型企业常被上级工会组织以发函等形式要求其建立工会。那么，组建工会组织是中国境内的企业的法定强制义务吗？

《工会法》第二条规定：“工会是职工自愿结合的工人阶级的群众组织。”由此可知，工会组建原则上并不是强制性的。但目前各地总工会的地位较高，他们在企业内推进工会组建的力度较大。所以，尽管法律上没有强制要求企业必须组建工会，各地政府或工会组织还是会通过各种方式，包括深入企业与员工沟通、要求缴纳筹备金等，来达到推动企业建立工会的目的。因此，在组建工会问题上，企业可以根据自身情况权衡利弊，顺势而为。

## 四、“工会干部”在劳动关系中所受的特殊保护

为保障工会依法履行各项职权，我国《工会法》、《企业工会工作条例》（试行）、《工会主席产生办法》（试行）等都明确了工会工作人员特别是“工会干部”（主要指工会主席、副主席、工会委员等）在劳动关系中应受特殊保护。这些特殊保护可以概括为期限保护、岗位保护、薪资保护、解雇保护等几个方面。

例如，企业应依法保障兼职工会主席的工作时间及相应待遇。对依法履行职责的工会工作人员，企业无正当理由不得对其调动工作岗位，进行打击保护，否则由劳动行政部门责令改正、恢复原工作；造成损失的，给予赔偿。企业工会主席任期未满，企业不得随意调动其工作，不得随意解除其劳动合同。因工作需要调动时，应当征得本级工会委员会和上一级工会的同意，依法履行民主程序。工会工作人员因履行《工会法》规定的职责而被解除劳动合同的，由劳动行政部门责令恢复其工作，并补发被解除劳动合同期间应得的报酬，或者责令给予本人年收入二倍的赔偿。基层工会专职主席、副主席或者委员自任职之日起，其劳动合同期限自动延长，延长期限相当于其任职期间；非专职主席、副主席或者委员自任职之日起，其尚未履行的劳动合同期限短于任期的，劳动合同期限自动延长至任期期满。但是，任职期间个人存在严重过失或者达到法定退休年龄的除外。

任期内的工会主席、副主席、工会委员严重违反用人单位规章制度的，用人单位是否可以解除与其之间的劳动合同？

对此，《劳动和社会保障部关于工会主席任职期间用人单位能否因违纪解除劳动合同问题的复函》（劳社厅函［2005］24号）中有明确规定，用人单位按照《劳动法》第二十五条的规定解除劳动合同不受其他附加条件限制。因此，如果工会主席、副主席或者委员在任职期间存在《劳动法》第二十五条规定情形之一的，用人单位可以解除劳动合同。同时，根据《工会法》第二十一条规定，用人单位单方面解除职工劳动合同时，应当事先将理由通知工会，若工会认为用人单位违反法律、法规和有关合同，要求重新研究处理时，用人单位应当研究工会的意见，并将处理结果书面通知工会。由此，上述人员在任期内，仍要接受用人单位的管理。如出现法定的过错解除的情形，用人单位可以行使法律赋予的单方解除权。

## 五、小结 & 律师建议

1. 关于工会的监督程序，需要注意以下三点：

第一，虽然法律赋予了工会“知情权”和“不当解雇的纠正权”。但是解雇员工的最终决定还是由企业一方单方决定的，企业只是“研究工会的意见，并将处理结果书面通知工会”。

第二，如果用人单位在单方解除劳动合同之前，未通知工会，是否有补救途径，对此各地司法实践则存在较大差异：有的直接认定为违法解雇，如江苏省[①]；有的则认定为程序缺陷，允许用人单位在劳动争议处理程序中补正，如上海市。根据原上海市劳动和社会保障局《关于实施〈上海市劳动合同条例〉

---

① 《江苏省高级人民法院江苏省劳动争议仲裁委员会关于审理劳动争议案件的指导意见》第十七条规定：“用人单位单方解除劳动合同，未履行《劳动合同法》第四十一条、四十三条规定的向工会或者全体职工说明情况、听取工会或职工的意见等程序性义务的，应认定其解除劳动合同的行为违法，劳动者请求用人单位继续履行劳动合同或支付赔偿金的，应予支持。”

若干问题的通知（二）》第六条之规定，成立工会组织的用人单位单方面解除劳动者劳动合同，应当按照《上海市劳动合同条例》第三十六条规定事先将理由通知工会，未通知工会并由此发生争议的，用人单位应当在劳动争议处理程序中予以补正。也就是说，如果在劳动争议处理程序中通知了工会的话，则可以算做用人单位进行了补正。

第三，如果用人单位未设立工会，那么工会程序将如何实施，法律并未给出答案，司法裁判口径也不尽一致。有观点认为，即使用人单位尚未建立基层工会，也可通过告知并听取职工代表或当地总工会意见的方式履行该法定程序；另有观点认为，考虑到用人单位本身未设立工会，客观上难以履行告知工会的义务，因此无须履行此工会程序。

2. 关于工会组建，企业需要注意：虽然从法律规定上来说，企业没有主动组建工会的强制性义务，但是依据《工会法》等相关规定，用人单位在工会组建中还负有另外两项义务。第一，消极义务：不得阻挠职工依法参加和组织工会，或者阻挠上级工会帮助、指导职工筹建工会；第二，积极义务：如果职工自愿组建了工会，企业、事业单位应当为工会办公和开展活动，提供必要的设施和活动场所等物质条件。

3. 对“工会干部”的保护：应从期限保护、岗位保护、薪资保护、解雇保护等几个方面予以特殊保护，但同时，如果“工会干部”出现法定的过错解除的情形，用人单位则可以行使法律赋予的单方解除权。

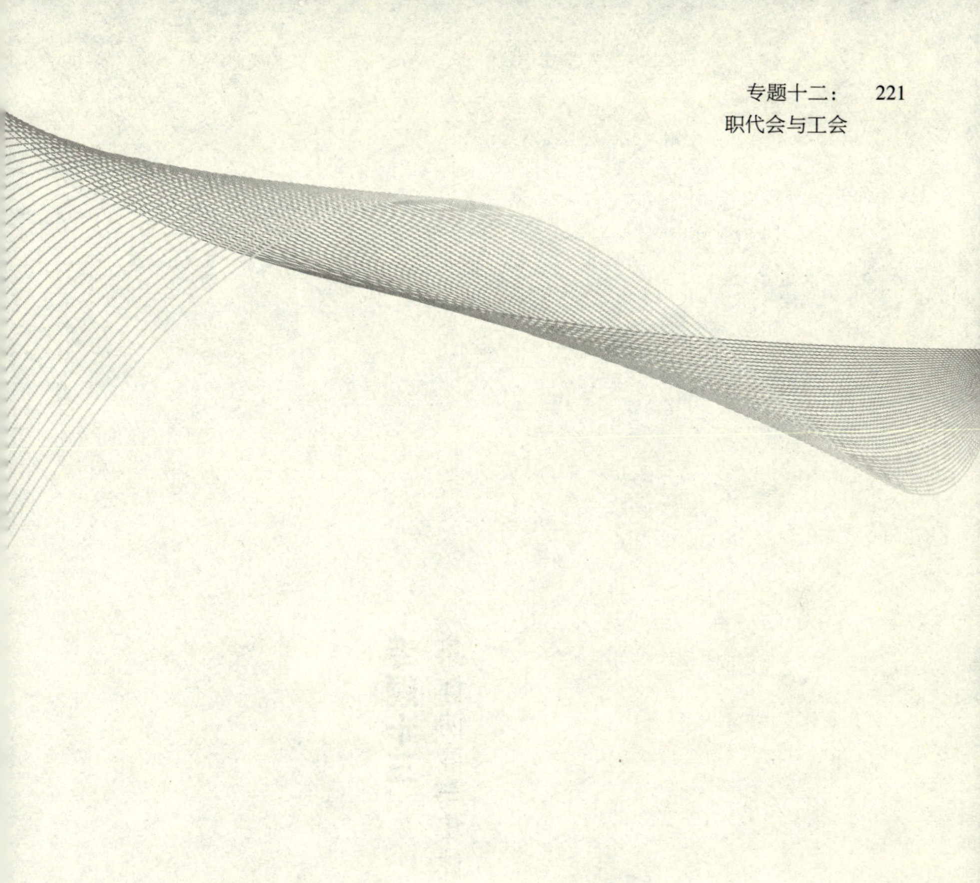

# 专题十三：集体协商与集体合同

一、何谓集体合同？

二、集体合同与劳动合同的区别

三、如何进行集体协商？

四、集体争议的处理与预防

五、小结&律师建议

有人说，2012 年是集体协商年，这不无根据。在经历了“富士康跳楼事件”、“本田罢工事件”等群体性劳动争议后，国家以强势的态度大力推进集体协商制度。集体协商制度的推行已然“箭在弦上”，那么，有关“集体协商”有哪些具体的要求？企业如何依法落实？集体合同与劳动合同是否有区别？面对隐性存在的“罢工”，企业应做到如何应对？发生群体性劳动争议时，怎样才能在第一时间缓和矛盾？下面笔者将对这些问题一一作出解答。

## 一、何谓集体合同？

集体合同也称集体协议，其官方定义规定在《集体合同规定》（劳动和社会保障部令第 22 号）的第三条：“集体合同是指用人单位与本单位职工根据法律、法规、规章的规定，就劳动报酬、工作时间、休息休假、劳动安全卫生、职业培训、保险福利等事项，通过集体协商签订的书面协议；所称专项集体合同，是指用人单位与本单位职工根据法律、法规、规章的规定，就集体协商的某项内容签订的专项书面协议。”

## 二、集体合同与劳动合同的区别

为了正确把握实践中集团型企业跨区域劳动关系的特点，了解其在人力资源管理法律实务中存在的实际问题，笔者在撰写本书之前，专门就集团型企业在跨区域劳动关系管理中遇到的问题进行了调研。根据调研结果，笔者发现大约有38%的企业对集体合同不甚了解，有42%的企业希望了解集体合同的内容、订立等。同时，在日常接到的电话咨询中，也有很多用人单位咨询有关集体合同的各类事项。在这里，通过一则案例将集体合同与劳动合同的差异一一说明，以期使大家能够更好地理解集体合同的性质、特点。

### （一）案例回放

2008年6月6日，某商贸公司与公司工会推选出的协商代表经过集体协商，签订了一份集体合同。该集体合同中的工资和劳动时间条款约定：公司所有职员每月工资不低于2 000元，每天工作8小时。该集体合同由该商贸公司于2008年6月15日报送当地劳动和社会保障局登记、审查、备案，劳动和社会保障局在15日内未提出异议。2008年7月1日，该集体合同正式生效。2008年9月，该商贸公司录用王某为办公室文员，并于9月11日与她签订了为期3年的劳动合同，约定其每月工资1 500元，每天工作6小时。2个月后，王某得知公司与工会签订了集体合同，约定职工每月最低工资不少于2 000元。

王某认为自己的月工资标准低于集体合同的约定，于是与公司交涉，要求提高工资。公司认为，集体合同是公司与公司工会于2008年6月签订的，只适用于当时商贸公司在职的正式员工，而王某是9月入职的，不在此集体合同适用的员工范围内。并且，集体合同规定的是每天工作满8个小时才能享有不低于2 000元的月薪，而王某每天才工作6个小时，不能给予同样待遇。无奈下，王某向劳动争议仲裁委员会申请劳动争议仲裁，要求公司按照每月不低于2 000元的标准发放工资，并补足相应的工资差额。

### （二）案情分析

#### 1. 两者生效方式不同

根据《劳动合同法》第五十四条和《集体合同规定》第四十七条的规定，“集体合同订立后，应当报送劳动行政部门；劳动行政部门自收到集体合同文本之日起15日内未提出异议的，集体合同即行生效”。即，集体合同属于附条件生效的合同；而劳动合同依法订立后，即发生法律效力，不需要报送劳动行政部门审批。

本案例中，商贸公司与公司工会签订的集体合同，从协商、签订草案、提交职代会通过、报送审查备案，到所订立的具体内容，都合法有效。对该集体合同，某商贸公司与王某都应该严格履行。商贸公司与王某订立的劳动合同也符合《劳动合同法》的相关规定，因此也是合法有效的，此劳动合同对双方都有约束力。

2. 两者适用范围不同

根据《劳动合同法》第五十四条和《集体合同规定》第六条的规定，“依法订立的集体合同对用人单位和劳动者具有约束力；行业性、区域性集体合同对当地本行业、本区域的用人单位和劳动者具有约束力”。即，集体合同的适用范围广而宽，不仅用人单位受其约束，而且用人单位所有的劳动者都毫不例外受其调整和约束；而劳动合同仅约束用人单位与劳动者，具有相对性。

本案例中，商贸公司与公司工会签订的集体合同，其生效范围适用于该集体合同生效期间该公司工会所代表的该公司全体职工。该商贸公司与王某签订劳动合同时，该公司与工会签订的集体合同已经生效，所以，集体合同对王某同样具有法律效力。因此，某商贸公司将王某排除在该集体合同生效范围之外是没有法律依据的。

3. 集体合同的效力高于劳动合同的效力

《劳动合同法》第五十五条规定：“集体合同中劳动报酬和劳动条件等标准不得低于当地人民政府规定的最低标准；用人

单位与劳动者订立的劳动合同中劳动报酬和劳动条件等标准不得低于集体合同规定的标准。”即，当劳动合同约定标准低于集体合同规定标准时，劳动合同约定标准无效；反之，有效。在实际操作中，对于集体合同有规定而劳动合同没有约定的，或者集体合同中有明确规定而劳动合同中约定不明确的，用人单位应按照集体合同的规定执行。

本案例中，王某与公司签订的劳动合同中约定的工资报酬低于集体合同中约定的标准，因此其劳动合同的规定无效；但其有关工作时间的规定高于集体合同的标准，此条款有效。因此，该商贸公司应给予王某补发 2 个月的工资计 1 000 元，同时该公司与王某关于工作时间条款的约定不变，剩余合同期限内王某的工资按每月 2 000 元来支付。

### （三）小结

通过以上案例分析可知，集体合同与劳动合同有本质上的区别，除上述 3 点差异外，还有如下 5 点区别。

#### 1. 内涵不同

集体合同是指用人单位与本单位职工根据法律、法规、规章的规定，就劳动报酬、工作时间、休息休假、劳动安全卫生、职业培训、保险福利等事项，通过集体协商签订的书面协议；所称专项集体合同，是指用人单位与本单位职工根据法律、法规、规章的规定，就集体协商的某项内容签订的专项书面协议。

劳动合同是指劳动者与用工单位之间确立劳动关系时，明确双方权利和义务的协议。

2. 主体不同

订立集体合同的主体，一方是代表劳动者的工会或者由上级工会指导劳动者所推举的代表，另一方是企业。而劳动合同的主体，一方是劳动者，另一方是企业。

3. 作用不同

集体合同的主要作用是协调生产过程中的劳动关系，维护劳动者的合法权益。劳动合同则是劳动者与用人单位建立劳动关系的法律形式。因此，劳动合同是维护劳动者与用人单位合法权益的法律保障，亦是发生劳动争议时解决劳动者与用人单位纠纷的重要依据。

4. 产生的时间不同

集体合同产生于劳动过程中。而劳动合同是劳动者与用人单位建立劳动关系的前提，产生于劳动者进行工作之前。

5. 所负的法律责任不同

因为集体合同规定的由用人单位承担的义务具有法定性，所以用人单位若不履行义务则需负法律责任；而企业工会代表全体职工所承担的义务只具有道义和形式上的意义，故工会不履行集体合同的义务仅应承担道义责任，一般不负法律责任和相关的经济责任。《劳动合同法》中对用人单位和劳动者违反《劳动合同法》的行为都规定要负法律责任，但对用人单位法律责任的规定，体现了对劳动者的倾斜保护。若劳动者的行为违反了《劳动合同法》的相关规定，只承担相应的民事责任。而用人单位在履行劳动合同的各个阶段，违反了《劳动合同法》的相关规定，根据不同情形，要相应承担行政责任、民事责任或刑事责任。

### （四）律师提醒

用人单位在订立集体合同之前，有以下几点需要注意：

首先，集体合同或专项集体合同期限一般为1~3年，期满或双方约定的终止条件出现，即行终止。

其次，集体合同的职工方主体不是全体职工，而是工会或者职工代表。

最后，搞清集体合同与法律法规、规章制度之间的关系。劳动法领域中所指的“法律”不仅仅包括法律法规，也包括称之为“企业内部法”的规章制度。在发生劳动争议时，一般情况下，效力层级最高的是法律法规，其次是集体合同或劳动合同，最后是规章制度。但是要注意的是，在特定情况下，规章制度的效力可以高于集体合同。《最高人民法院关于审理劳动争议案件适用法律若干问题的解释（二）》（法释［2006］6号）第十六条规定：“用人单位制定的内部规章制度与集体合同或者劳动合同约定的内容不一致，劳动者请求优先适用合同约定的，人民法院应予支持。”这说明，在判定集体合同或劳动合同与规章制度的效力问题时，要以有利于劳动者为原则。

## 三、如何进行集体协商？

集体协商也是被调研企业颇为关心的内容之一。有大约48%的企业希望了解集体协商的程序。在集体协商过程中，应当遵循相互尊重、平等协商、诚实守信、公平合作、兼顾双方合法权益的原则。

### （一）集体协商是否是强制性的？

在经历了“富士康跳楼事件”、“本田罢工事件”等群体性劳动争议后，国家以强势的态度大力推进集体协商制度。集体协商制度的推行已然“箭在弦上”。

#### 1. 集体协商过程中遇到的障碍

集体协商，又称集体谈判，是指职工一方与企业一方就劳动关系有关事项进行集体性平等协商的活动。根据笔者的调研，被调研企业对集体协商的态度可以从图 13－1 中看出。

从图 13－1 中可以看出，有高达 48% 的企业认为集体协商是十分有必要的，但同时在实践操作中，相当一部分企业并未

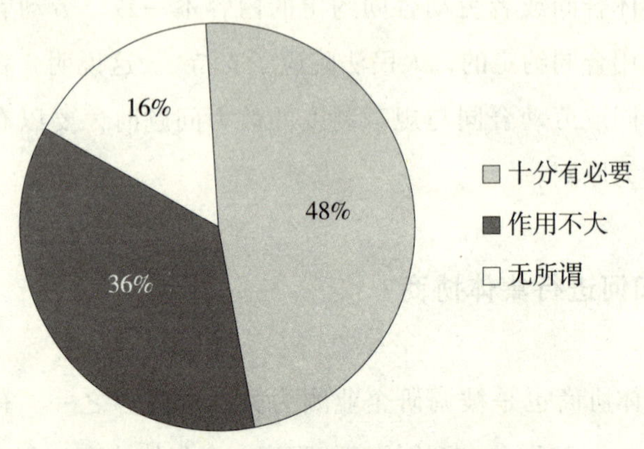


**图 13－1 被调研企业对集体协商的态度**

建立集体协商制度。造成集体协商和集体合同制度在推行过程中遇到阻碍的原因主要有以下 4 点：①

（1）我国目前集体合同以及集体协商制度立法滞后，框架性内容较多，集体合同形式化问题严重。

（2）用人单位不愿意建立与劳动者之间的协商、谈判机制，劳资关系不平衡，导致集体协商制度形同虚设。

（3）用人单位重签约、轻协商，协商环节缺位现象严重。

（4）工会的代表性不强，难以推行集体协商。

2. 集体协商的必要性

迄今为止，全国大多数地方包括上海、北京、广州，以及

① 程延园．集体谈判制度研究．北京：中国人民大学出版社，2004

浙江、山东等省市都已制定职工代表大会条例或民主管理条例来规定和执行集体协商制度。在国家的大力推行下，各地也正在制定规章建立和实施集体协商制度。2011 年我国进入集体协商推行、集体合同订立的高涨年。

到底集体协商是强制性的还是非强制性的？这里举一例，《江苏省集体合同条例》第九条规定："用人单位与职工方均有权提出平等协商的要求。协商的要求应当以书面形式提出。一方提出协商要求，另一方应当在收到要求之日起 20 日内以书面形式予以答复，不得拒绝或者拖延。"这样的规定见诸于各个省市的规定中，这里"一方呼（提出协商要约）"，"另一方必须应"，使得我们不得不将集体协商称为"有条件的强制"。从目前集体协商的发展趋势，结合笔者的调研，可以得出，建立了集体协商制度的企业，其劳动争议的发生率远远低于未建立集体协商制度的企业。建立集体协商制度的必要性主要体现在以下两个方面：

第一，建立集体协商制度，有利于企业解决劳动关系领域的矛盾和问题，建立用人单位与劳动者之间以集体合同和平等协商为主要形式的长效机制。

自 2008 年《劳动合同法》颁布以来，劳动争议如井喷般上涨。如劳动者的收入分配问题、福利问题、加班费的索取、用人单位的解雇合法问题等，新老问题交织在一起，导致企业劳动关系紧张，成为引起各种矛盾的导火索。这对用人单位和劳动者来说是双输，更不利于企业的长久发展。而建立集体协商制度，以工会或者职工代表为桥梁，展开企业与劳动者之间的积极沟通与对话，通过平等协商，及时化解企业的劳动关系矛盾，有助于构建和谐的企业劳动关系。

第二，建立集体协商制度，在一定程度上可以缓冲劳动者的过激行为给企业造成的损害，打破用人单位与劳动者之间的僵局。

“本田罢工事件”、“平顶山罢工事件”、“西门子罢工事件”等的发生，至今让用人单位听闻仍心有余悸。笔者对上述事件的发生原因和随后的处理与应对进行了研究，发现这几家企业均未建立集体协商、集体谈判制度，在遭遇工人罢工后，均先寻找专业律师或学者，以其作为对话的桥梁，才得以与罢工工人展开协商与谈判。若企业本身就已建立和健全集体协商制度，那么即使发生工人罢工的情况，企业按照集体合同的约定或者集体协商制度的规定，展开集体协商、谈判，可迅速进入双方直接对话的阶段，从而减少罢工时间，减少企业的损失。

3. 集体协商与集体合同的关系

集体协商是动态的过程，而集体合同是集体协商的结果，是静态的。集体合同的订立与生效是以集体协商为前提的，但是集体协商并非都是为了订立集体合同，集体合同也不是集体协商的唯一结果。

### （二）集体协商的程序

#### 1. 集体协商的准备阶段

（1）发出要约

这是集体协商的启动步骤，只有用人单位或者工会（上级工会指导劳动者所推举的代表）某一方主动提出集体协商，并被对方接受，集体协商才会开始。这主要规定在《集体合同规定》第三十二条："集体协商任何一方均可就签订集体合同或专项集体合同以及相关事宜，以书面形式向对方提出进行集体协商的要求。一方提出进行集体协商要求的，另一方应当在收到集体协商要求之日起20日内以书面形式给以回应，无正当理由不得拒绝进行集体协商。"

（2）前期准备

这主要包括人员准备、资料准备等。具体如下：

首先，熟悉与集体协商内容有关的法律、法规、规章和制度。

其次，了解与集体协商内容有关的情况和资料，收集用人单位和职工对订立集体协商所持的意见。

再次，确定集体协商的时间、地点等事项。

最后，共同确定一名非协商代表担任集体协商记录员。记录员应保持中立、公正，并为集体协商双方保密。

根据《集体合同规定》第十九条的规定，集体协商双方的代表人数应当对等，每方至少3人，一般为3～10人，并各确定1名首席代表。

①劳动者代表

在集体合同订立中，由工会代表企业劳动者与用人单位订立，尚未建立工会的，由上级工会指导劳动者所推举的代表与用人单位订立。可见，劳动者方进行集体合同协商的主体可以是工会也可以是劳动者代表。

对于已建立工会的企业，劳动者一方的首席代表一般由工会主席担任，工会主席空缺的，首席代表由工会主要负责人担任。如果工会主席不能参加，则应由工会主席书面委托一名副主席担任首席代表。尚未建立工会的用人单位，在推举代表时，应从协商代表中民主推举产生，并须得到半数以上职工同意。

②用人单位代表

用人单位一方的协商代表，由用人单位法定代表人指派，首席代表由单位法定代表人担任或由其书面委托的其他管理人员担任。

③专业人士

为了使协商具有专业性，协商双方可以书面形式委托本单位以外的专业人员作为本方协商代表。委托人数不得超过本方代表的1/3。实践中，协商双方会聘请专业律师作为第三方，与对方进行协商与谈判。这样既可以使协商有理、有序地进行，也可以通过专业人士的指导提升协商的专业性。

2. 集体协商的举行

在进行集体协商的过程中，一方首席代表提出协商的具体内容和要求，另一方首席代表就对方的要求作出回应。协商双方就商谈事项发表各自的意见，展开充分讨论。在实践中，协商过程中可能会遇到如下3种情形：

（1）双方各退一步，互相达成协商要求，顺利实现集体合同的订立。

（2）在协商过程中，双方协商失败，陷入僵局，未能顺利订立集体合同，协商终止。

（3）在协商过程中，协商失败，并成为引起劳动者与用人单位劳资关系矛盾的导火索，遂引起谈判破裂，劳动者罢工。

3. 集体协商的结果

（1）若职工一方与企业协商一致：签订相关合同协议（其中签订集体合同或协议的，此时只是草案，相关后续程序请见下述）。

（2）若职工一方与企业未能协商一致：视情况由劳动行政部门协调处理（详见下述）。

## （三）集体合同的订立程序

一般来说，签订集体合同，大致需要经过3个阶段，即准备阶段、协商阶段和集体合同签字生效阶段。

准备阶段和协商阶段同上述集体协商的程序，此处略去。这里需要提示的是，在签订集体合同之前，工会或者选举出的职工代表应当收集职工和用人单位相关部门的意见和建议，从而拟订集体合同草案。在拟订过程中需要注意以下3点：

（1）集体合同应结合本企业的性质和实际情况起草，避免原则性和框架性的条款，应当具有实操性。

（2）根据法律的规定，订立集体合同应当具备的法定条款，比如工作时间、休息休假、劳动安全与卫生、集体合同期限、变更与解除集体合同的程序条件等，在其他非必备条款上，协商双方应本着平等、尊重、兼顾双方利益的原则进行友好协商。

（3）在起草集体合同时，应逻辑严谨，避免语义性或易引起歧义的表述。

1. 集体合同的审议

我国《劳动法》第三十三条规定："集体合同草案应当提交职工代表大会或者全体职工讨论通过。"但是《劳动合同法》、《集体合同规定》并没有进一步规定审议集体合同的具体程序。

2. 集体合同的签订

根据《集体合同规定》的规定，双方协商代表协商一致的集体合同草案或专项集体合同草案应当提交职工代表大会讨论，如企业未设立职工代表大会，应提交全体职工讨论。职工代表大会或者全体职工讨论集体合同草案或专项集体合同草案，应当有2/3以上职工代表或者职工出席，且须经全体职工代表半数以上或者全体职工半数以上同意，集体合同草案或专项集体合同草案方获通过。在集体合同草案或专项集体合同草案经职工代表大会或者职工大会通过后，由集体协商双方首席代表签字。

3. 集体合同的审查与生效

（1）集体合同签订或者变更后的审查

集体合同或专项集体合同签订或变更后，应自双方首席代表签字之日起10日内，由用人单位一方将文本一式三份报送劳动保障行政部门审查。中央管辖的企业以及跨省、自治区、直辖市的用人单位的集体合同应当报送劳动保障部或劳动保障部指定的省级劳动保障行政部门审查。

用人单位与本单位职工就劳动保障行政部门提出异议的事项经集体协商重新签订集体合同或专项集体合同的，用人单位一方应当将文本报送劳动保障行政部门审查。

（2）集体合同的生效

劳动保障行政部门自收到用人单位提交的文本之日起15日内未提出异议的，集体合同或专项集体合同即行生效。

（3）集体合同的公示与告知

进行上述集体合同协商程序可视为履行了《劳动合同法》

第四条规定的民主程序，除了履行民主程序外，用人单位还应将集体合同的内容进行公示或者告知用人单位的全体劳动者。

## 四、集体争议的处理与预防

近些年，集体争议日渐增多，一旦爆发则影响恶劣，对用人单位和劳动者来说是双输。因此，对用人单位来说，集体争议的处理与预防至关重要。

一般来说，集体争议有以下三种：

### （一）群体性劳动争议

群体性劳动争议是指有共同诉求的10人以上的群体性个体劳动争议。

### （二）集体合同争议

1. 集体合同协商过程中的争议处理

根据《集体合同规定》第四十九条的规定，集体协商过程中发生争议，若双方当事人不能协商解决，则当事人一方或双方可以书面形式向劳动保障行政部门提出协调处理申请。即使未提出申请，若劳动保障行政部门认为有必要，也可以介入协调处理。协调处理集体协商争议的，应当自受理协调处理申请之日起30日内结束协调处理工作。期满未结束的，可以适当延长协调期限，但延长期限不得超过15日。在协调处理因订立集体合同导致的争议后，由相关的劳动行政部门制作《协调处理协议书》，该协议书由双方当事人首席代表和协调处理负责人共同签字盖章后生效。对于生效后的《协调处理协议书》，双方当事人都应当执行。

2. 集体合同订立过程中的争议处理

根据《劳动法》（中华人民共和国主席令第二十八号）第八十四条的规定，因签订集体合同发生争议，当事人协商解决不成的，由当地人民政府劳动行政部门介入，依法处理。法律之所以规定是由政府介入，是因为集体合同协商过程中的争议不同于一般的劳动权利争议，而属于利益争议。集体合同制度建立的目的是确立合理的劳动标准和劳动条件，基于此，在处理订立集体合同过程中发生的争议时，不能按照一般劳动争议的程序解决。

3. 集体合同履行过程中的争议处理

集体合同履行过程中发生的争议，主要是指在集体合同的有效期间，双方当事人不履行、不完全履行集体合同以及对集体合同的变更、解除、终止等问题有争议时发生的争议。

对于集体合同履行过程中发生的争议，《劳动合同法》、《集体合同规定》都有规定。《集体合同规定》第五十五条规定："因履行集体合同发生的争议，当事人协商解决不成的，可以依法向劳动争议仲裁委员会申请仲裁。”《劳动合同法》第五十六条规定：“用人单位违反集体合同，侵犯职工劳动权益的，工会可以依法要求用人单位承担责任；因履行集体合同发生争议，经协商解决不成的，工会可以依法申请仲裁、提起诉讼。”因此，对于履行集体合同发生的争议，首先由用人单位与全体职工（工会）协商解决，如果解决不了，工会可代表职工直接向劳动争议仲裁委员会申请仲裁，对仲裁裁决不服的，可以自收到仲裁裁决之日起15日内向人民法院提起诉讼。

### （三）罢工

罢工，指的是劳动者在职期间主观上拒绝劳动导致的停工。罢工的组织性、杀伤性和传染性都十分强，对于用人单位来说，面对有可能产生的罢工，要做到“预防为主，防消结合”。

#### 1. 案例回放

某公司根据内部规章制度，在每年的12月份为在职员工统一加薪。年底公司为员工统一加薪后，某工人通过某渠道获知了其所在部门的班长的加薪信息，此消息由其散布后，在工人内部引起很大轰动，遂引发罢工。工人要求与公司进行集体谈判和对话，并提出以下两点要求：

（1）他们认为公司此次调薪幅度差距很大，且未有任何依据，故要求公司公示所有员工的加薪幅度以及目前的工资状况，并说明此次调薪的依据。

（2）在工人内部中传言，未来一年度公司将取消员工的奖金，故要求公司向员工说明并解释此传言。如此传言属实，则要求公司说明取消员工奖金的依据。

公司对工人的上述要求，以书面的形式作出回复：

（1）公司按照内部规章制度每年度为员工调薪，充分体现了公司鼓励员工为公司多创造效益的激励政策和公司的人性化管理。调薪的幅度是由公司决定的，没有必要也不需要告诉员工。

（2）对于未来一年度将取消员工奖金的传言，公司明确表示，此传言是不属实的，公司只是在考虑转变奖金的发放方式，并不是要取消员工的奖金制度。

另外，公司还以强势的态度命令工人马上复工，否则对罢工的工人一律解雇。

2. 应对方案

律师在到达现场后，认真听取了公司对此次事件的说明，并果断采取以下应对方案：

第一，利用工会作为公司与罢工员工沟通的桥梁，向公司工会及生产部的职代会代表了解罢工工人的意见和其真实的想法。在沟通中，我们发现相关信息存在误传，导致了人心不稳。

第二，在了解工人真实想法的基础上，律师与公司管理层进行沟通。对于员工的合理要求，公司应该予以答复，同时公开澄清在工人间误传的信息，以避免工人人心涣散和该事件的进一步恶化；对于员工不合理的要求，公司应明确予以拒绝，比如罢工工人要求公司公示员工此次加薪的幅度以及工资现状等要求，律师认为此要求涉及员工隐私且与公司的文化与价值理念相违背，同时根据内部规章制度的规定，此方面的信息实行保密制，所有员工都应遵守。

第三，在与罢工员工和公司管理层会谈后，与工会进行充分的沟通，即通过销售部的员工告知公司目前的经营状况，以及公司的大客户已知悉此次罢工并可能取消订单，进行危及正常经营，严重的还可能导致公司破产的现实状况。

第四，通过全体职工会议形式，就罢工工人所担心的问题在一定的范围内予以说明和解释，同时明确告知工人若不复工，那么将按照公司的有关规章制度进行处理，包括立即解雇等。

第五，采用分组的形式与工人进行沟通，传递并充分表达公司的意见，要求员工立即复工，并由公司中层管理人员分组督促复工情况。

## 五、小结 & 律师建议

1. 如需对公司的福利制度进行调整，公司应当向员工说明加薪幅度的依据，并将依据固定为一项制度，规定在内部的规章制度中，从而做到有据可依，制度透明，公平合理。

公司应向员工说明福利调整的依据，是按照员工的绩效考核，还是按照其他评判员工的方式。若公司没有任何依据，仅凭主观意志给员工任意调整，一旦调整不公平且员工获知，就会立即引发员工的不满和公司管理的混乱，也会成为工人罢工的导火索。建议用人单位制定并健全薪酬调整体系，尤其是敏感且关乎员工直接经济利益的加薪制度，公司应将其作为内部规章制度，从而得到有效遵守。在此制度完善的情况下，既可做到有据可依，也可以保证员工间的公平，使员工更加忠实于公司。

2. 公司在决定有关劳动报酬等涉及劳动者切身利益的规章制度或者重大事项时，应当经职工代表大会讨论，与工会或者职工代表平等协商，并予以公示。

根据《劳动合同法》第四条的规定，公司在决定为员工加薪前，应将此事项与职工代表大会讨论，与工会或者职工代表协商，要履行民主程序，同时也要履行告知程序。加薪属于《劳动合同法》中所界定的“重大事项”的范畴，因此，公司对此次加薪的事项应当予以公示。实践中，可以采取的方式有：在告示栏张贴告示，或者发放给员工由其签收的方式。

3. 在公司遇到罢工事件后，要做到“快速反应，积极沟通，妥善处理”。具体来讲，在遇到工人罢工后，公司高层首先要反应迅速，及时展开与罢工员工的沟通与对话，尤其要利用工会或职工代表的桥梁作用，听取罢工员工的真实想法；其次，在与罢工员工的前期沟通中，要多听少辩解，以积极的态度去面对罢工人员，做到“冷处理”，而不能以强势或者命令的语气与罢工员工对话，以避免事件的进一步恶化；再次，对带头罢工人员要妥善处理，与其深入进行个人沟通，以避免罢工人员之间情绪的感染。

4. 企业应建立“罢工”的预警机制，即确定专门机构进行信息收集、风险识别和评估、制定预警级别和标准，以及预警发布方式和范围，可聘请外部专业机构或人士参加，建立劳资矛盾内部化解机制。

5. 在日常的公司管理中，公司高层应加强与员工，特别是一线工人的定期沟通交流，及时发现问题并与工人协商，以使内部矛盾在未激化前得到妥善解决。

6. 企业遭遇罢工事件后，应对内完善企业的人力资源管理，对外采取公关手段，以修复企业对外关系和形象。

# 专题十四：

## 争议处理

一、劳动争议界定

二、劳动争议分类

三、劳动争议处理制度

四、劳动争议基本问题

五、小结&律师建议

劳动争议是指劳动关系当事人因劳动权利和义务发生分歧而引起的争议。把握劳动争议的概念要注意两点：第一，主体的特定性，即争议双方是具有劳动关系的当事人；第二，内容的限定性，即只有争议涉及劳动权利和义务等相关内容时，才有可能是劳动争议。

## 一、劳动争议界定

《最高人民法院关于审理劳动争议案件适用法律若干问题的解释（二）》（法释［2006］6号）中通过列举的方式，明确了6种不属于劳动争议的情形，为劳动争议范围的判断提供了很重要的参考。这6种不属于劳动争议的具体情形为：(1) 劳动者请求社会保险经办机构发放社会保险金的纠纷；(2) 劳动者与用人单位因住房制度改革产生的公有住房转让纠纷；(3) 劳动者对劳动能力鉴定委员会的伤残等级鉴定结论或者对职业病诊断鉴定委员会的职业病诊断鉴定结论的异议纠纷；(4) 家庭或者个人与家政服务人员之间的纠纷；(5) 个体工匠与帮工、学徒之间的纠纷；(6) 农村承包经营户与受雇人之间的纠纷。它们或争议主体不存在劳动关系，或争议内容没有涉及劳动权利和义务，因此都不能适用相关劳动法律、法规。

因此，若争议双方根本不存在劳动关系，争议也就不能算做劳动争议。下面试举一个关于公司被承包的案例，以作说明。

1. 案情简介

上海某公司于2008年在全国诸多省市设立了产品分销部，由于当时人力资源管理体系尚不完善，公司决定将分销部作为外包项目，均由当地人承包经营。张某是该公司浙江省某市产品分销部的承包人，并于2008年6月与公司签订了书面承包协议，按照协议约定，根据经营成果进行分配。2009年2月，公司发展迅速，产品热销，为此张某招用了6名销售人员，并以上海某公司名义与销售人员签订了劳动合同。同时，分销部在日常中都是按照公司的制度对员工进行管理，业务往来都使用公司公章。

但从2009年12月起，张某承包的分销部业绩下滑，经营亏损，上海某公司总部遂于2010年3月撤销了张某承包的分销部，与张某解除了承包协议。分销部的6名员工得此消息后，向公司总部提出了“安排其他岗位上班”的要求。公司总部认为：这6名员工是张某个人自行招用的，与公司总部不存在劳动关系，所以拒绝了他们的请求。

承包人张某与这6名员工一同提出了仲裁申请，要求认定与上海某公司总部存在劳动关系，并安排其他岗位上班。

2. 仲裁结果

劳动争议仲裁委员会认定了承包人张某招聘的6名员工与上海某公司存在劳动关系，经调解，公司总部向6名员工每人支付了经济补偿，同时解除劳动关系；认定承包人张某与公司总部之间不存在劳动关系，驳回了张某的请求。

3. 律师点评

问题一：承包人与发包公司之间存在劳动关系吗？

随着集团型企业经营规模的扩大和经营形式的变化，许多公司选择将某些部门实行承包经营的方式。一般来说，承包人多为公司内部职工，他们的工作内容、工作地点、工资标准等沿袭不变。但有时也采用对外承包的形式，即将某些部门承包给公司之外的人员或组织。

对于内部承包而言，承包人同时又是公司内部职工，具有双重身份，承包人与公司之间既存在劳动关系，又存在承包关系，所以承包人的劳动者身份毋庸置疑。对于外部承包，承包人是公司之外的人员或组织，双方签订承包协议，只存在民事承包关系，而不是劳动关系，所以双方之间的争议不属于劳动争议，只能作为民事案件处理。

具体到本案例中，上海某公司总部在各地设立分销部，由当地人承包经营，自负盈亏，而没有提到承包人是本公司的劳动者，所以双方之间只存在单纯的民事承包关系。

问题二：承包人招聘的员工与公司总部之间是否存在劳动关系？

根据《关于确立劳动关系有关事项的通知》（劳社部发［2005］12号）的规定，同时具备下列情形的，用人单位与劳动者的劳动关系成立：

“（一）用人单位和劳动者符合法律、法规规定的主体资格；

“（二）用人单位依法制定的各项劳动规章制度适用于劳动者，劳动者受用人单位的劳动管理，从事用人单位安排的有报酬的劳动；

“（三）劳动者提供的劳动是用人单位业务的组成部分。”

本案例中，上海某公司总部和承包人招聘的员工符合法律、法规规定的主体资格，公司总部各项劳动规章制度适用于承包人招聘的员工，张某承包的分销部也是公司总部生产经营的重要组成部分。同时，张某以公司名义与6名销售人员签订了劳动合同，因此，上海某公司总部与承包人招聘的员工具有劳动关系。

同时，《上海市高级人民法院关于审理劳动争议案件若干问题的解答》（上海市高级人民法院民一庭2002年2月6日）第十条中对于“用人单位工作人员或承包人在外招用劳动者的，如何认定劳动关系”的问题作出了规定，即“用人单位知道或应当知道其工作人员或承包人以单位名义在外招用人员，不为反对意见；或受招用人员有充分理由相信该工作人员或承包人是代表用人单位的，如果劳动者确实是为该用人单位工作的，应当认定受招用人员与该用人单位之间形成劳动关系”。虽然此《解答》适用于上海地区，但其中的法律精神对于其他地区同样具有借鉴意义。因为劳动用工也是一种交易行为，根据表见代理的原理，如果劳动者有充分理由相信某一单位的工作人员或承包人是代表单位招用时，即可以认定形成了劳动关系。具体到本案例中，承包人张某是以公司名义与6名销售人员签订的劳动合同，分销部日常中对销售人员使用公司的制度进行管理，业务往来都使用公司公章，而且销售人员的工作也确实是上海某公司的业务组成部分。所有这些，都足以让招用的销售人员有充分理由相信承包人张某是代表上海公司的，他们与上海公司具有劳动关系。

张某作为承包人，虽然不是劳动关系的用工主体，但是仍然要承担相应的法律责任。《劳动合同法》第九十四条规定，个人承包经营违法招用劳动者，给劳动者造成损害的，发包的组织与个人承包经营者承担连带赔偿责任。该规定将发包组织和个人承包经营者视做一个整体，对受损害的劳动者承担连带赔偿责任，这极大地保护了劳动者的合法权益，避免了发包方和承包方相互推诿的情形，从而引导发包组织规范承包经营关系。

4. 律师提醒

随着市场情况的变化和企业自身规模的调整，许多集团型企业会相应地设立、撤销下属部门或分支机构，若再采用外包等经营形式，会使得原本的法律关系变得更加复杂。

集团型企业要规避法律风险，就要注意选择有经营资格的单位承包，尽量不要承包给个人；制订内容完备的承包协议，明晰当事人法律关系，保护自身的合法权益；避免出现承包方以集团型企业的名义招工用工、日常管理、承担责任，从而引发不必要的纠纷。

## 二、劳动争议分类

常用的劳动争议分类方式主要有以下四种：

（一）按照劳动争议中是否含有涉外因素来分类，可分为国内劳动争议和涉外劳动争议。

（二）按照劳动争议的内容来分类，可分为权利争议和利益争议。

（三）按照职工一方当事人涉及的人数来分类，可分为集体争议和个人争议。

（四）按照劳动争议的客体来划分，可分为劳动合同履行争议、劳动合同解除争议、劳动报酬支付争议、保险福利履行争议等。

## 三、劳动争议处理制度

### （一）概述

根据《劳动争议调解仲裁法》（中华人民共和国主席令第八十号）的相关规定，我国的劳动争议处理制度可以概括为“协商、调解、仲裁、诉讼”制度。即，发生劳动争议以后，劳动者可以与用人单位自行协商，也可以请工会或者第三方共同与用人单位协商，达成和解协议。若当事人不愿协商、协商不成或者达成和解协议后不履行，则可以向本单位劳动争议调解委员会申请调解；不愿调解、调解不成或者达成调解协议后不履行的，可以向劳动争议仲裁委员会申请仲裁；对仲裁裁决不服的，除本法另有规定外，可以向人民法院提起诉讼。

为了更好地理解我国劳动争议处理制度，笔者作出以下说明。

首先，劳动争议处理制度中的“协商”和“调解”，并非必经阶段。当事人可以跳过这两个阶段，直接提起劳动仲裁。但不可否认的是，协商制度是解决劳动争议的重要途径，有利于劳动争议的快速解决，避免了“诉累”的负担。

其次，此处的“调解”并非广义上的调解，而是特指由“调解组织”进行的调解。《劳动法》原来规定由“本单位劳动争议调解委员会”进行调解，而《劳动争议调解仲裁法》将其扩大为“企业劳动争议调解委员会、依法设立的基层人民调解组织，以及在乡镇、街道设立的具有劳动争议调解职能的组织”，并对企业劳动争议调解委员会的产生及组成进行了较为详细的规定。需要注意的是，广义上的调解作为一种程序，在仲裁和诉讼阶段均有可能发生。

再次，仲裁前置，作为劳动争议处理制度，是劳动争议处理方式的特色。无论是否经过“协商”或者“调解”，劳动仲裁都是劳动争议处理的必经程序，只有先提起劳动仲裁，对仲裁裁决不服的，才可以向法院起诉。

### （二）调解

#### 1. 调解定义

此处的调解，特指在企业劳动争议调解委员会、依法设立的基层人民调解组织，以及在乡镇、街道设立的具有劳动争议调解职能的组织等调解机构主持下发生的劳动争议处理程序。它完全不同于在仲裁、诉讼中得到广泛应用的调解，前者是由调解组织在调解阶段主持解决劳动争议的处理，后者则是仲裁委员会与法院在仲裁和诉讼中进行的调解处理，无论从主持主体还是从发生阶段上来看，都是有很大区别的。

#### 2. 调解协议

（1）不同阶段调解协议的比较

如果调解成功，达成一致，则会形成一份调解协议。但是，不同阶段达成的“调解协议”，其效力是不同的。

《最高人民法院关于审理劳动争议案件适用法律若干问题的解释（二）》第十七条规定：“当事人在劳动争议调解委员会主持下达成的具有劳动权利和义务内容的调解协议，具有劳动合同的约束力，可以作为人民法院裁判的根据。”这个条文表明，调解阶段达成的“调解协议”具有比较强的法律约束力。

对于在诉讼过程中调解达成的“调解协议”，《最高人民法院关于民事诉讼证据的若干规定》（法释［2001］33 号）第六十七条规定：“在诉讼中，当事人为达成调解协议或者和解的目的作出妥协所涉及的对案件事实的认可，不得在其后的诉讼中作为对其不利的证据。”也就是说，为了促进调解成功、保护调解当事人利益，当事人为达成调解协议所作出的关于案件事实的认可，不能作为对其不利的证据使用到以后的诉讼过程中。

值得一提的是，2011 年 1 月 1 日起实施的《人民调解法》（中华人民共和国主席令第三十四号）第三十三条规定：“经人民调解委员会调解达成调解协议后，双方当事人认为有必要的，可以自调解协议生效之日起 30 日内共同向人民法院申请司法确认，人民法院应当及时对调解协议进行审查，依法确认调解协议的效力。人民法院依法确认调解协议有效，一方当事人拒绝履行或者未全部履行的，对方当事人可以向人民法院申请强制执行。”这条规定，赋予了调解协议更高的执行力。

（2）调解协议与仲裁

《劳动争议调解仲裁法》第十五条规定："达成调解协议后，一方当事人在协议约定期限内不履行调解协议的，另一方当事人可以依法申请仲裁。"

如前所述，调解阶段达成的调解协议具有劳动合同的约束力，双方都应当履行调解协议的内容。但是，如果一方在协议约定的时间内不履行调解协议，则另一方可以申请劳动仲裁。因此，虽然关于调解协议书的内容，法律没有明确规定，但是至少应当包括双方当事人的基本情况、纠纷简要事实、争议事项及双方责任、双方当事人的权利和义务，以及履行协议的方式、地点、期限等，尤其是履行期限必不可少，因为如果一方当事人不履行协议书，它将直接影响到何时能够采取仲裁的方式救济权利。

至于当事人究竟是对原争议申请劳动仲裁，还是对调解协议申请仲裁，相关法律并没有明确的规定。笔者认为，两种仲裁都可以提起，当事人有选择权。除非调解协议存在无效或者可撤销、可变更的法定情形，否则，只要双方当事人自愿、一致达成了有效的调解协议，就视为产生了新的劳动合同权利和义务关系，必须履行。若一方不履行调解协议，另一方当然可以提起仲裁来保护自己的合法权益。

（3）调解协议与支付令

调解协议具有劳动合同的约束力，但是，如果一方当事人尤其是用人单位不履行调解协议，使调解协议不具有执行力，则劳动者还需要申请劳动仲裁，这对劳动维权不利。因此，为了增强调解的作用，更快地解决纠纷，法律赋予了调解协议书更强的效力。《劳动争议调解仲裁法》第十六条规定：“因支付拖欠劳动报酬、工伤医疗费、经济补偿或者赔偿金事项达成调解协议，用人单位在协议约定期限内不履行的，劳动者可以持调解协议书依法向人民法院申请支付令。人民法院应当依法发出支付令。”这就将支付令制度从《民事诉讼法》（中华人民共和国主席令第七十五号）中引入到《劳动争议调解仲裁法》中，对于劳动者维权提供了便捷。

不过，需要注意的是，劳动者根据调解协议申请支付令的范围，仅限于因支付拖欠劳动报酬、工伤医疗费、经济补偿或者赔偿金事项达成的调解协议。若因其他事项达成的调解协议，劳动者只能申请劳动仲裁，不能申请支付令。

### （三）仲裁

#### 1. 仲裁程序

##### （1）申请与受理

申请人申请仲裁应当提交书面仲裁申请，并按照被申请人人数提交副本。仲裁申请书应当载明下列事项：劳动者的姓名、性别、年龄、职业、工作单位和住所，用人单位的名称、住所和法定代表人或者主要负责人的姓名、职务；仲裁请求和所根据的事实、理由；证据和证据来源、证人姓名和住所。书写仲裁申请确有困难的，可以口头申请，由劳动争议仲裁委员会记入笔录，并告知对方当事人。

劳动争议仲裁委员会收到仲裁申请之日起 5 日内，认为符合受理条件的，应当受理，并通知申请人；认为不符合受理条件的，应当书面通知申请人不予受理，并说明理由。对劳动争议仲裁委员会不予受理或者逾期未作出决定的，申请人可以就该劳动争议事项向人民法院提起诉讼。

劳动争议仲裁委员会受理仲裁申请后，应当在 5 日内将仲裁申请书副本送达被申请人。被申请人收到仲裁申请书副本后，应当在 10 日内向劳动争议仲裁委员会提交答辩书。劳动争议仲裁委员会收到答辩书后，应当在 5 日内将答辩书副本送达申请人。被申请人未提交答辩书的，不影响仲裁程序的进行。

（2）开庭

劳动争议仲裁委员会裁决劳动争议案件实行仲裁庭制。仲裁庭由 3 名仲裁员组成，设首席仲裁员。简单劳动争议案件可以由 1 名仲裁员独任仲裁。

仲裁员有下列情形之一者，应当回避，当事人也有权以口头或者书面方式提出回避申请：①是本案当事人或者当事人、代理人的近亲属的；②与本案有利害关系的；③与本案当事人、代理人有其他关系，可能影响公正裁决的；④私自会见当事人、代理人，或者接受当事人、代理人的请客送礼的。劳动争议仲裁委员会对回避申请应当及时作出决定，并以口头或者书面方式通知当事人。

仲裁庭应当在开庭5日前，将开庭日期、地点书面通知双方当事人。当事人有正当理由的，可以在开庭3日前请求延期开庭。是否延期，由劳动争议仲裁委员会决定。申请人收到书面通知，无正当理由拒不到庭或者未经仲裁庭同意中途退庭的，可以视为撤回仲裁申请。被申请人收到书面通知，无正当理由拒不到庭或者未经仲裁庭同意中途退庭的，可以缺席裁决。

（3）裁决

仲裁庭在作出裁决前，应当先行调解。调解达成协议的，仲裁庭应当制作调解书。调解书应当写明仲裁请求和当事人协议的结果。调解书由仲裁员签名，加盖劳动争议仲裁委员会印章，并送达双方当事人。调解书经双方当事人签收后，发生法律效力。调解不成或者调解书送达前，一方当事人反悔的，仲裁庭应当及时作出裁决。

仲裁庭裁决劳动争议案件，应当自劳动争议仲裁委员会受理仲裁申请之日起45日内结束。案情复杂需要延期的，经劳动争议仲裁委员会主任批准，可以延期并书面通知当事人，但是延长期限不得超过15日。逾期未作出仲裁裁决的，当事人可以就该劳动争议事项向人民法院提起诉讼。

劳动仲裁借鉴了民事诉讼中的先予执行制度，设立了裁决先予执行制度。仲裁庭对追索劳动报酬、工伤医疗费、经济补偿或者赔偿金的案件，根据当事人的申请，可以裁决先予执行，最终移送人民法院执行。仲裁庭裁决先予执行的，应当符合下列条件：①当事人之间权利义务关系明确；②不先予执行将严重影响申请人的生活。劳动者申请先予执行的，可以不提供担保。需要注意的是，劳动仲裁对于先予执行只有裁决权，最终的执行权还在法院手中。

（4）仲裁裁决的效力

当事人收到仲裁裁决书 15 日以内，对仲裁裁决不服的，可以提起诉讼。此时，仲裁裁决自动失效。但是在一些特殊情形下，仲裁裁决的效力却有不同，《最高人民法院关于人民法院对经劳动争议仲裁裁决的纠纷准予撤诉或驳回起诉后劳动争议仲裁裁决从何时起生效的解释》对此作了规定：

“第一，当事人不服劳动争议仲裁裁决向人民法院起诉后又申请撤诉，经人民法院审查准予撤诉的，原仲裁裁决自人民法院裁定送达当事人之日起发生法律效力。

“第二，当事人因超过起诉期间而被人民法院裁定驳回起诉的，原仲裁裁决自起诉期间届满之次日起恢复法律效力。

“第三，因仲裁裁决确定的主体资格错误或仲裁裁决事项不属于劳动争议，被人民法院驳回起诉的，原仲裁裁决不发生法律效力。”

2. 关于一裁终局问题

《劳动争议调解仲裁法》实施之前，劳动仲裁并没有一裁终局制度，当事人对劳动争议仲裁委员会的裁决不服，可以在收到裁决书 15 日内向法院起诉。

《劳动争议调解仲裁法》实施之后，引入了终局裁决制度，实现了制度上的重大突破。该法第四十七条规定，追索劳动报酬、工伤医疗费、经济补偿或者赔偿金，不超过当地月最低工资标准12个月金额的争议，以及因执行国家的劳动标准在工作时间、休息休假、社会保险等方面发生的争议，除本法另有规定的外，其仲裁裁决为终局裁决，裁决书自作出之日起发生法律效力。同时，本法第四十八条和四十九条分别对一裁终局情形下劳动者的诉权和用人单位申请撤销裁决的权利作出了相关规定。

但是，这些规定实际上对很多问题并没有作出回答。比如，《劳动争议调解仲裁法》第四十七条所规定的争议标的金额，是以请求的金额来确定，还是以裁决的金额来确定？若有多项请求，是以合计总金额计算还是以各项的金额计算？另外，若在劳动仲裁阶段既存在非终局的裁决，又存在终局的裁决，则该如何作出裁决？此外，还有用人单位申请撤销仲裁裁决的问题等。最高人民法院在2010年9月14日开始实施的《关于审理劳动争议案件适用法律若干问题的解释（三）》（以下简称为《最高院司法解释三》中），对上述问题作出了规定，现一一作出说明。

（1）以《劳动争议调解仲裁法》第四十七条规定所适用的情形，如果包含多项仲裁请求，应按照每一项的数额，还是各项数额之和来确定？按照当事人请求的数额，还是按照仲裁确定的数额来判断？

《劳动争议调解仲裁法》第四十七条的规定只考虑到一项

请求的情况，没有考虑多项请求的情况，且没有考虑是以请求时的金额还是以裁决时的金额来确定。《最高院司法解释三》第十三条规定："劳动者依据调解仲裁法第四十七条第一项规定，追索劳动报酬、工伤医疗费、经济补偿或者赔偿金，如果仲裁裁决涉及数项，每项确定的数额均不超过当地月最低工资标准12个月金额的，应当按照终局裁决处理。"因此，《最高院司法解释三》明确了以每一项的数额来确定是否超过最低工资标准12个月金额，并且是仲裁裁决确定的数额，而非当事人请求的数额。

（2）在劳动仲裁中既有非终局的裁决内容，又有终局的裁决内容，应分别裁决还是一并裁决？

《劳动争议调解仲裁法》对于在仲裁裁决中同时存在非终局裁决和终局裁决应如何处理的问题，并没有明确的规定。对于这个问题，《最高院司法解释三》第十四条规定："劳动人事争议仲裁委员会作出的同一仲裁裁决同时包含终局裁决事项和非终局裁决事项，当事人不服该仲裁裁决向人民法院提起诉讼的，应当按照非终局裁决处理。"最高人民法院民一庭庭长杜万华曾就《关于审理劳动争议案件适用法律若干问题的解释（三）》答记者问时进一步明确："为统一全国法院裁决尺度和认定标准，本着简便实用、易于操作和保护劳动者合法权益的处理原则，本司法解释规定，对于在同一仲裁中劳动者请求既有终局事项又有非终局事项的，应统一按照非一裁终局的原则处理，不能按终局事项和非终局事项分别处理。当事人（不论是劳动者还是用人单位）如不服本裁决，均可自收到裁决书之日起15日内向人民法院起诉。”

（3）劳动人事争议仲裁委员会做出终局裁决，劳动者不服向法院提出起诉，而用人单位也按照规定向中级人民法院提出撤销裁决的申请，该如何处理？

《最高院司法解释三》第十五条规定：“劳动者依据调解仲裁法第四十八条规定向基层人民法院提起诉讼，用人单位依据调解仲裁法第四十九条规定向劳动人事争议仲裁委员会所在地的中级人民法院申请撤销仲裁裁决的，中级人民法院应不予受理；已经受理的，应当裁定驳回申请。被人民法院驳回起诉或者劳动者撤诉的，用人单位可以自收到裁定书之日起30日内，向劳动人事争议仲裁委员会所在地的中级人民法院申请撤销仲裁裁决。”该司法解释表明，劳动仲裁委员会的受理是优先于中级人民法院的撤销裁决的受理，中级人民法院应裁定驳回用人单位的申请。如劳动者在向法院提出起诉后，被法院驳回起诉或是劳动者撤诉，原仲裁裁决其实还是有效的，所以允许用人单位重新向中级法院申请撤销裁决。

（4）劳动人事争议仲裁委员会做出终局裁决，劳动者向人民法院申请执行，而用人单位向劳动人事争议仲裁委员会所在地的中级人民法院申请撤销的，该如何处理？

《最高院司法解释三》第十八条规定：“劳动人事争议仲裁委员会作出终局裁决，劳动者向人民法院申请执行，用人单位向劳动人事争议仲裁委员会所在地的中级人民法院申请撤销的，人民法院应当裁定中止执行。”人民法院裁定中止执行之后，要区分不同的情况进行处理：用人单位撤回撤销终局裁决申请或者其申请被驳回的，人民法院应当裁定恢复执行；仲裁裁决被撤销的，人民法院应当裁定终结执行。

### （四）诉讼

劳动争议在经过仲裁之后，还要经过诉讼程序，此即所谓的“一裁两审”。劳动争议案件的诉讼程序与民事诉讼法中的相关规定有很多相同之处，但基于劳动争议的特殊性，劳动争议的诉讼程序也呈现出了一些自己的特点。

#### 1. 诉讼请求的增加

当事人不服仲裁而提起诉讼，当事人不能增加未经仲裁的请求一起提起诉讼。如果允许增加，虽然有利于纠纷的全部解决、提高效率，但是违背了仲裁前置规则。《最高人民法院关于审理劳动争议案件适用法律若干问题的解释》第六条规定：“人民法院受理劳动争议案件后，当事人增加诉讼请求的，如该诉讼请求与讼争的劳动争议具有不可分性，应当合并审理；如属独立的劳动争议，应当告知当事人向劳动争议仲裁委员会申请仲裁。”因此，与普通民事诉讼相比，在劳动争议诉讼中增加诉讼请求受到了限制。

2. 当事人的追加

受仲裁前置规则的制约，一般而言，只有参加仲裁程序的当事人才能参加诉讼，因此仲裁程序就决定了诉讼程序的当事人，在劳动争议诉讼中追加当事人受到了限制。不过，《最高人民法院关于审理劳动争议案件适用法律若干问题的解释(三)》第六条规定："当事人不服劳动人事争议仲裁委员会作出的仲裁裁决，依法向人民法院提起诉讼，人民法院审查认为仲裁裁决遗漏了必须共同参加仲裁的当事人的，应当依法追加遗漏的人为诉讼当事人。"因此，在劳动争议诉讼中赋予了法院直接追加当事人的法定职权，避免了因追加当事人而重新提起仲裁所带来的诉累。

3. 举证责任制度

在当事人举证方面，"谁主张，谁举证"是我国《民事诉讼法》的一般原则。劳动争议作为民事纠纷的一种，处理劳动争议时遵循的仍然是"谁主张，谁举证"的原则，即无论是在劳动争议仲裁中，还是在劳动争议诉讼中，在举证责任方面都是按照这一原则执行的。根据《最高人民法院关于审理劳动争议案件适用法律若干问题的解释》和《最高人民法院关于民事诉讼证据的若干规定》的相关规定，在劳动争议案件中，用人单位作出开除、除名、辞退、解除劳动合同、减少劳动报酬、计算劳动者工作年限等决定而发生劳动争议的，由用人单位负举证责任。但在许多劳动争议案件中，用人单位处于强势地位，可以强迫劳动者接受不平等的条件，或保管着许多劳动争议案件的重要证据而拒不交出，所以经常出现劳动者无法举证而败诉的情形。因此，《劳动争议调解仲裁法》第三十九条规定："当事人提供的证据经查证属实的，仲裁庭应当将其作为认定事实的根据。劳动者无法提供由用人单位掌握管理的与仲裁请求有关的证据，仲裁庭可以要求用人单位在指定期限内提供。用人单位在指定期限内不提供的，应当承担不利后果。"

## 四、劳动争议基本问题

### （一）法律适用

《劳动合同法实施条例》（中华人民共和国主席令第535号）第十四条规定："劳动合同履行地与用人单位注册地不一致的，有关劳动者的最低工资标准、劳动保护、劳动条件、职业危害防护和本地区上年度职工月平均工资标准等事项，按照劳动合同履行地的有关规定执行。"

用人单位随着规模的扩大和经营策略的调整，经常要在注册地以外的城市开展业务，此时，用人单位或者派出总部的劳动者至该地工作，或者直接在当地招用劳动者，这就会导致劳动者的劳动合同履行地与用人单位的注册地不一致的情形出现。在此种情形下，劳动者适用的劳动标准应当以劳动合同履行地还是用人单位注册地为准，《劳动合同法》并没有作出明确的规定。

鉴于劳动者是在劳动合同履行地提供劳动，劳动合同履行地的自然条件、工作环境、经济发展水平等与劳动者提供劳动过程紧密相关，因此，一般情况下，劳动关系与劳动合同履行地的联系更为密切。当劳动合同履行地与用人单位注册地不一致时，首先选择的应是按照劳动合同履行地的有关规定执行。

与此同时，《劳动合同法实施条例》还规定了另一种情形：用人单位与劳动者约定按照用人单位注册地的有关规定执行，并且用人单位注册地的有关标准高于劳动合同履行地的有关标准的，从其约定。因此，在劳动标准法定的同时，并不排除用人单位与劳动者的约定，但此约定还要符合劳动法的精神——“对劳动者有利的原则”。也就是说，只有用人单位注册地的有关标准高于劳动合同履行地的有关标准，此时的约定才会适用。

### （二）时效

法谚有云，法律不保护沉睡的权利。时效制度作为一项重要的法律制度，设立的目的就在于督促当事人及时行使权利，维护社会秩序的稳定与和谐。

《劳动争议调解仲裁法》第二十七条规定：“劳动争议申请仲裁的时效期间为一年，仲裁时效期间从当事人知道或者应当知道其权利被侵害之日起计算。”

1. 仲裁时效的起算点

在立法层面上，我国关于劳动争议仲裁时效起算点的法律渊源经历了4个发展阶段：第一，1987年8月15日起施行的《国营企业劳动争议处理暂行规定》第十六条第二款规定："属于本规定第二条第一项的劳动争议，当事人应当从争议发生之日起六十日内，或者从调解不成之日起三十日内，向仲裁委员会提出。"第二，1993年8月1日起施行的《企业劳动争议处理条例》第二十三条第一款规定："当事人应当从知道或者应当知道其权利被侵害之日起六个月内，以书面形式向仲裁委员会申请仲裁。"第三，1995年1月1日起施行的《中华人民共和国劳动法》第八十二条规定："提出仲裁要求的一方应当自劳动争议发生之日起六十日内向劳动争议仲裁委员会提出书面申请。"第四，2008年5月1日起施行的《劳动争议调解仲裁法》第二十七条第一款规定："劳动争议申请仲裁的时效期间为一年。仲裁时效期间从当事人知道或者应当知道其权利被侵害之日起计算。"

2. 仲裁时效的中止、中断

关于仲裁时效的中止、中断，我国的立法也经历了不断变化的过程。《劳动法》中没有相关的规定，《最高人民法院关于审理劳动争议案件适用法律若干问题的解释》第三条规定，对确已超过仲裁申请期限，又无不可抗力或者其他正当理由的，依法驳回其诉讼请求。但究竟什么才是“其他正当的理由”，并没有定论，各地对此概念的把握也不一致，从而导致了很大程度的混乱。后来，《最高人民法院关于审理劳动争议案件适用法律若干问题的解释（二）》第十二条、十三条分别规定了劳动争议仲裁中止和中断的情形，明确了中止的原因是不可抗力或者其他客观原因，列举了劳动仲裁中断的3种情形，分别是向对方当事人主张权利、向有关部门请求权利救济和对方当事人同意履行义务。

既然“向有关部门请求权利救济”是劳动仲裁中断的情形，那么信访是否属于此类情形呢？据此，2007年上海市高级人民法院的《关于审理劳动争议案件若干问题的意见》第四条对“申请仲裁期间中断情形是否包括当事人向人大、政府等部门信访、上访”问题作出了说明。该意见认为，最高人民法院《关于审理劳动争议案件适用法律若干问题的解释（二）》从有利于保护劳动者合法权益和建立和谐劳动关系的角度出发，确定了申请仲裁期间的中断制度，并规定劳动者向有关部门请求权利救济的，申请仲裁期间中断。从目前社会现实考虑，只要劳动者能举证证明在申请仲裁期间内曾向法院、劳动行政部门、工会等请求权利救济，即应认定申请仲裁期间中断。但是，从现有法律对时效制度的规定来看，对时效中断的把握也不能放得过宽，对于劳动者仅以信访、上访等方式向其他部门投诉的，不应认定时效中断。

3. 仲裁时效的种类

《劳动争议调解仲裁法》第二十七条规定："劳动争议申请仲裁的时效期间为一年。仲裁时效期间从当事人知道或者应当知道其权利被侵害之日起计算。劳动关系存续期间因拖欠劳动报酬发生争议的，劳动者申请仲裁不受本条第一款规定的仲裁时效期间的限制；但是，劳动关系终止的，应当自劳动关系终止之日起一年内提出。"因此，对于不同类型的案件，其仲裁时效应从不同的时间起算。这极有利地保护了劳动者的合法权益，尤其对于长时间被拖欠工资，但却出于保住工作的想法而敢怒不敢言的劳动者来说，是很强的法律保护。

（三）管辖

《劳动争议调解仲裁法》第二十一条规定："劳动争议仲裁委员会负责管辖本区域内发生的劳动争议。劳动争议由劳动合同履行地或者用人单位所在地的劳动争议仲裁委员会管辖。双方当事人分别向劳动合同履行地和用人单位所在地的劳动争议仲裁委员会申请仲裁的，由劳动合同履行地的劳动争议仲裁委员会管辖。"

《最高人民法院关于审理劳动争议案件适用法律若干问题的解释》第八条规定："劳动争议案件由用人单位所在地或合同履行地的基层人民法院管辖。劳动合同履行地不明确的，由用人单位所在地的基层人民法院管辖。”同时，该司法解释第九条规定：“当事人双方就同一仲裁裁决分别向有管辖权的人民法院起诉的，后受理的人民法院应当将案件移送给先受理的人民法院。”

在实践中，很多人错误地认为当事人对劳动仲裁委员会所作出的仲裁不服而依法向人民法院起诉的，应当以该劳动仲裁委员会为被告，由该劳动仲裁委员会所在地的人民法院受理。其实，这种观点是不妥的。因为劳动争议的当事人为用人单位和劳动者，不是劳动仲裁委员会，不能以劳动仲裁委员会所在地作为确定人民法院地域管辖的依据。

通过以上分析可知，无论是仲裁还是诉讼，管辖地基本是劳动合同履行地或者用人单位所在地。因为，在仲裁和审判实践中，有的用人单位与履行劳动合同地不在同一地方，若仅以用人单位所在地确定管辖，这对当事人诉讼也是极不方便的。因此，为了便于当事人诉讼和案件事实的查证，又规定了由劳动合同履行地的劳动争议仲裁委员会或者基层人民法院管辖，这也是符合《民事诉讼法》第二十四条“因合同纠纷提起的诉讼，由合同履行地人民法院管辖”的规定。

1. 案情简介

莫小姐是北京本地人，供职于一家上海医药公司北京分公司。2009 年年初，这家上海医药公司进行裁员，解除了与莫小姐的劳动合同。因为经济补偿金、年休假工资补偿等问题不能达成一致意见，莫小姐遂向北京市劳动争议仲裁委员会申请仲裁，提出公司支付其经济补偿金等仲裁请求。经过仲裁开庭审理，北京市劳动争议仲裁委员会支持了其诉请。

根据《中华人民共和国劳动争议调解仲裁法》的规定，申请劳动仲裁的双方当事人对裁决不服的，可以从收到裁决书之日起15日内，向劳动合同履行地或用人单位所在地的基层法院起诉。由于这家医药公司总部在上海，而莫小姐的合同履行地在北京，因此两地的基层法院均有管辖权。

在北京的仲裁中，莫小姐的大部分仲裁请求得到了支持，但用人单位极有可能不服仲裁裁决，而向上海的基层法院提起诉讼。如此一来，莫小姐就要去上海应诉，其将往返于北京与上海之间，从而大大增加诉讼成本，反而得不偿失。

果然，这家医药公司不服仲裁裁决，在上海提起诉讼。但由于莫小姐听取了律师的建议，抢先在北京起诉，所以上海法院遂将案件移送北京。莫小姐在北京打赢了与这家上海医药公司的官司。

2. 律师点评

随着集团型企业经营规模的扩大，公司跨区域发展的趋势越来越普遍，总公司、分公司、母公司、子公司、办事处、代表处……企业间关联关系的错综复杂，给人力资源部门的工作带来了巨大的挑战，也给劳动者维权带来了更大的难度。

## 五、小结 & 律师建议

1. 集团型企业诉讼技巧

其实，集团型企业在劳动仲裁结束之后于向法院起诉的时间问题上不占优势。如前所述，由于劳动仲裁地在劳动合同履行地，劳动者收到裁决书的时间肯定要比远在外地的用人单位要早，所以若双方都对裁决不服提起诉讼的话，劳动者在时间上面要更占优势，可以更早地提起诉讼。虽然劳动者和集团型企业都向有管辖权的法院提起诉讼，但是按照法律规定，案件由先受理的法院进行审理，后受理的人民法院应当将案件移送给先受理的人民法院。所以，先收到仲裁裁决书的劳动者在时间上面占据了优势，更有可能影响案件的受理法院是谁。

因此，在劳动者和用人单位都对仲裁裁决不服的情况下，双方极有可能都会提起诉讼，此时用人单位是非常被动的。集团型企业要想获得其诉讼的主动权，把劳动争议案件的法院管辖地拉回到用人单位所在地，就必须在仲裁上面花心思。一个迫不得已的办法，就是采用一定的诉讼技巧，输掉劳动仲裁，使得劳动仲裁委员会支持劳动者的全部仲裁请求。因此，劳动者对于仲裁裁决结果肯定是非常满意的，一般不会再去提起诉讼。此时，集团型企业就可以到用人单位所在地提起诉讼，最先获得法院的受理。即使劳动者再去提起诉讼，也是为时已晚了。

2. 劳动者维权对策

在集团型企业异地用工管理中，类似本案例莫小姐的情形还是比较多见的。劳动者虽然赢得了仲裁，却由于用人单位在外地，让劳动者维权增加成本。其实劳动者可以充分而巧妙地运用有关法律来应对。

上述案例中，虽然劳动者胜诉，但还是应该接着抢先在北京起诉——于收到裁决书的次日就在劳动合同履行地（北京）的基层法院起诉，将起诉权保留在北京；用人单位总部在外地，收到裁决书后若在上海起诉，肯定比劳动者在北京起诉晚。这样即使上海法院受理了，也必须将案件移送北京。

值得一提的是，如果过了法定的起诉期间，用人单位还没有在外地起诉，劳动者可以向本地法院撤诉。这样，之前的仲裁裁决就可即时生效，劳动者就可以凭此生效裁决，向本地基层法院申请执行了。

# 工具篇

## Labor Relation Management in Group Enterprises

# 附录一～附录十

Labor Relation Management in Group Enterprises

附录一～附录十中的各条文内容均摘录自国家及相关省市的法律、法规的规定，而相应的法律、法规名称参见表格中“文件”一栏。

# 附录一：产假

| 名称 | 普通产假 | 特殊情况 | 流产假 | 晚育奖励 | 文　件 |
| --- | --- | --- | --- | --- | --- |
| 上海 | 女职工生育享受九十八天产假，其中产前可以休假十五天。<br>所谓产前十五天，系指预产期前十五天的休假。产前假一般不得放到产后使用。若孕妇提前生产，可将不足的天数和产后假合并使用；若孕妇推迟生产，可将超出的天数按病假处理。 | 难产者，增加产假十五天；多胞胎生育者，每多生育一个婴儿，增加产假十五天。 | 妊娠三个月内自然流产或子宫外孕者，给予产假三十天；妊娠三个月以上，七个月以下自然流产者，给予产假四十五天。<br>第一次人工流产及因放置宫内节育器、绝育、皮下埋植术后失败的再次人工流产，孕期小于十三周且行吸宫术及药物流产的，休息十四天；孕期小于十三周且行钳刮术的，休息二十一天；孕期大于十三周的，休息三十天。实行计划生育手术的公民有以下情形之一且经医生同意需要休息的，其假期按病假处理：（一）第一次人工流产后及因放置宫内节育器、绝育、皮下埋植术后失败而再次人工流产后，已休满规定假期；（二）未采取绝育、放置宫内节育器或皮下埋植术而再次人工流产。 | 男年满二十五周岁初次结婚为晚婚。女年满二十三周岁初次结婚为晚婚。已婚妇女生育第一个子女时，年满二十四周岁的，为晚育。<br>晚婚的公民，除享受国家规定的婚假外，增加晚婚假七天。符合本条例规定生育的晚育妇女，除享受国家规定的产假外，增加晚育假三十天，其配偶享受晚育护理假三天。晚婚假期间享受婚假同等待遇，晚育假、晚育护理假期间享受产假同等待遇。 | 女职工劳动保护特别规定（国务院令第619号）<br>关于《女职工劳动保护规定》问题解答（劳安字［1989］1号）<br>上海市女职工劳动保护办法（上海市人民政府令第36号）<br>上海市计划生育奖励与补助若干规定（沪府发［2011］24号）<br>上海市人口与计划生育条例（上海市人民代表大会常务委员会公告第33号） |

续表

| 名称 | 普通产假 | 特殊情况 | 流产假 | 晚育奖励 | 文　件 |
|---|---|---|---|---|---|
| 北京 | 女职工生育享受九十八天产假，其中产前可以休假十五天。<br>所谓产前十五天，系指预产期前十五天的休假。产前假一般不得放到产后使用。若孕妇提前生产，可将不足的天数和产后假合并使用；若孕妇推迟生产，可将超出的天数按病假处理。 | 难产的，增加产假十五天；多胞胎生育的，每多生育一个婴儿，增加产假十五天。 | 产假时间按自然天数计算。女职工妊娠不满十二周（含）流产的产假为十五天；十二周以上十六周（含）以内流产的产假为三十天；十六周以上二十八周（含）以内流产的产假为四十二天。怀孕二十八周以上终止妊娠的享受正常生育产假九十天，其中包括产前休假十五天。 | 鼓励公民晚婚、晚育。女年满二十三周岁、男年满二十五周岁初婚的为晚婚。已婚妇女年满二十四周岁初育的为晚育。<br>机关、社会团体、企业事业组织的职工晚婚的，除享受国家规定的婚假外，增加奖励假七天。晚育的女职工，除享受国家规定的产假外，增加奖励假三十天，奖励假也可以由男方享受，休假期间不得降低其基本工资或者解除劳动合同；不休奖励假的，按照女方一个月基本工资的标准给予奖励。 | 女职工劳动保护特别规定（国务院令第619号）<br>关于《女职工劳动保护规定》问题解答（劳安字［1989］1号）<br>北京市实施《女职工劳动保护规定》的若干规定（北京市人民政府第40号）<br>关于贯彻实施《北京市企业职工生育保险规定》有关问题的通知（京劳社医发［2005］62号）<br>北京市人口与计划生育条例（北京市人民代表大会常务委员会公告第7号） |

续表

| 名称 | 普通产假 | 特殊情况 | 流产假 | 晚育奖励 | 文　件 |
|---|---|---|---|---|---|
| 天津 | 女职工生育享受九十八天产假，其中产前可以休假十五天。<br>所谓产前十五天，系指预产期前十五天的休假。产前假一般不得放到产后使用。若孕妇提前生产，可将不足的天数和产后假合并使用；若孕妇推迟生产，可将超出的天数按病假处理。 | 分娩时遇有难产，施行剖腹产术、产钳术、臀位助娩术等手术的，增加产假十五天；子痫、产后出血（多于五百毫升）的，由医务部门开具证明，享受难产待遇；多胞胎生育的，每多生育一个婴儿，增加产假十五天。 | 女职工怀孕流产的（含人工流产），其所在单位应根据医务部门的证明，按下列规定给予产假：（一）三个月以下的，产假十五天；（二）三个月以上（含三个月）至四个月的，产假三十天；（三）四个月以上（含四个月）至七个月的，产假四十二天；（四）七个月以上（含七个月）的，按正常产假处理。 | 鼓励公民晚婚晚育，提倡一对夫妻生育一个子女。男女双方按照法定结婚年龄推迟三年以上结婚为晚婚。已婚妇女二十四周岁以上生育第一个子女为晚育。<br>国家工作人员和企业事业组织职工晚婚的，婚假增加七日。国家工作人员和企业事业组织职工晚育的，男方所在单位给予七日护理假，女方所在单位增加产假三十日；不能增加产假的，给予一个月基本工资或者实得工资的奖励。实行生育保险制度后参加保险的，按照保险的规定执行。晚婚、晚育期间工资照发，其他福利待遇与国家规定的婚假、产假相同。 | 女职工劳动保护特别规定（国务院令第619号）<br>关于《女职工劳动保护规定》问题解答（劳安字［1989］1号）<br>天津市实施《女职工劳动保护规定》办法（天津市人民政府令第32号）<br>天津市人口与计划生育条例（天津市人民代表大会常务委员会公告第3号） |

续表

| 名称 | 普通产假 | 特殊情况 | 流产假 | 晚育奖励 | 文　件 |
| --- | --- | --- | --- | --- | --- |
| 广州 | 女职工生育享受九十八天产假，其中产前可以休假十五天。<br>所谓产前十五天，系指预产期前十五天的休假。产前假一般不得放到产后使用。若孕妇提前生产，可将不足的天数和产后假合并使用；若孕妇推迟生产，可将超出的天数按病假处理。 | 剖腹、Ⅲ度会阴破裂的难产假增加三十天，吸引产、钳产、臀位引产假增加十五天；多胞胎生育假，每多生育一个婴儿增加十五天。 | 流产假（只限于领取“同意生育通知书”或“生育证”的流产假）：怀孕不满两个月的十五天；不满四个月的三十天；怀孕满四个月以上（含4个月）至七个月以下流产的流产假四十二天；满七个月以上发生死胎、死产和早产不成活的给予七十五天的产假。 | 实行晚育者（二十四周岁后生育第一胎）增加产假十五天。领取《独生子女优待证》者增加产假三十五天，产假期间给予男方看护假十天。 | 女职工劳动保护特别规定（国务院令第619号）<br>关于《女职工劳动保护规定》问题解答（劳安字［1989］1号）<br>广州市人力资源和社会保障局关于实施职工生育保险有关问题的通知（穗人社函［2011］43号）<br>广东省企业职工假期待遇死亡抚恤待遇暂行规定（粤劳薪［1997］115号） |

续表

| 名称 | 普通产假 | 特殊情况 | 流产假 | 晚育奖励 | 文　件 |
| --- | --- | --- | --- | --- | --- |
| 大连 | 女职工生育享受九十八天产假，其中产前可以休假十五天。<br>所谓产前十五天，系指预产期前十五天的休假。产前假一般不得放到产后使用。若孕妇提前生产，可将不足的天数和产后假合并使用；若孕妇推迟生产，可将超出的天数按病假处理。 | 难产者，凭医院证明增加产假十五天。多胞胎生育的，多一个婴儿增加产假十五天。 | 女职工流产（含自然流产、人工流产）和早产，应凭县、区以上医疗保健单位的证明休假。其中，怀孕不满四个月流产的，休假十五天至三十天；怀孕满四个月以上（含四个月）至七个月以下流产的，休假四十二天；怀孕满七个月以上早产的，按正常产假休假。 | 男满二十五周岁、女满二十三周岁初次结婚的为晚婚，已婚妇女满二十三周岁后怀孕生育第一个子女的为晚育。职工晚婚的，婚假在法定婚假基础上增加七日，夫妻一方达到晚婚年龄的，一方享受；晚育并领取《独生子女父母光荣证》的，产假增加六十日，男方护理假为十五日，休假含法定节假日和双休日。休假期间工资照发，福利待遇不变。 | 女职工劳动保护特别规定（国务院令第619号）<br>关于《女职工劳动保护规定》问题解答（劳安字［1989］1号）<br>大连市女职工劳动保护管理细则（大政发［1989］170号）<br>大连市实施《辽宁省人口与计划生育条例》办法（大连市人民政府令第84号） |

续表

| 名称 | 普通产假 | 特殊情况 | 流产假 | 晚育奖励 | 文　件 |
|---|---|---|---|---|---|
| 西安 | 女职工生育享受九十八天产假，其中产前可以休假十五天。<br>所谓产前十五天，系指预产期前十五天的休假。产前假一般不得放到产后使用。若孕妇提前生产，可将不足的天数和产后假合并使用；若孕妇推迟生产，可将超出的天数按病假处理。 | 难产的，增加产假十五天；多胞胎生育的，每多生育一个婴儿增加产假十五天。产前假不足十五天的，与产后假合并使用，产假期间的工资照发。符合计划生育规定生育第二胎的，产假与第一胎相同。 | 女职工怀孕流产的，其所在单位应根据医疗机构证明，给予产假。怀孕不满两个月流产的，给予产假十五天；怀孕两个月至四个月流产的，给予产假三十天；怀孕四个月以上流产的，给予产假四十二天。对无生育指标或避孕失败而怀孕的女职工，为达到计划生育目的采取人工流产措施的，应参照上款规定执行。 | 男二十五周岁以上、女二十三周岁以上初婚的为晚婚。二十四周岁以上的已婚妇女生育第一个子女的为晚育。实行晚育的，在法定产假的基础上增加产假十五天，同时给予男方护理假十天；在产假期间领取《独生子女父母光荣证》的，另增加产假三十天。 | 女职工劳动保护特别规定（国务院令第619号）<br>关于《女职工劳动保护规定》问题解答（劳安字［1989］1号）<br>陕西省《女职工劳动保护规定》实施办法（陕西省人民政府令第148号）<br>陕西省人口与计划生育条例（陕西省人民代表大会常务委员会公告［11届］第15号） |

续表

| 名称 | 普通产假 | 特殊情况 | 流产假 | 晚育奖励 | 文件 |
| --- | --- | --- | --- | --- | --- |
| 青岛 | 女职工生育享受九十八天产假，其中产前可以休假十五天。<br>所谓产前十五天，系指预产期前十五天的休假。产前假一般不得放到产后使用。若孕妇提前生产，可将不足的天数和产后假合并使用；若孕妇推迟生产，可将超出的天数按病假处理。 | 难产的，增加十五日；多胞胎生育的，每多生育一胎，增加十五日。 | 女职工妊娠不满两个月流产的，产假为十五天；妊娠两个月以上不满三个月流产的，产假为二十天；妊娠三个月以上不满四个月流产的，产假为三十天；妊娠四个月以上流产、引产的，产假为四十二天。 | 女方晚育的，除国家规定的产假外，增加产假六十日，并给予男方七日护理假。增加的婚假、产假应当与国家规定的婚假、产假连续使用，护理假应当在女方产假期间使用。增加的婚假、产假、护理假，视为出勤，工资、福利待遇不变。 | 女职工劳动保护特别规定（国务院令第619号）<br>关于《女职工劳动保护规定》问题解答（劳安字［1989］1号）<br>青岛市城镇职工生育保险办法（青岛市人民政府令第195号）<br>青岛市人口与计划生育工作若干规定（青岛市人民政府令第155号） |

续表

| 名称 | 普通产假 | 特殊情况 | 流产假 | 晚育奖励 | 文件 |
|---|---|---|---|---|---|
| 成都 | 女职工生育享受九十八天产假，其中产前可以休假十五天。<br>所谓产前十五天，系指预产期前十五天的休假。产前假一般不得放到产后使用。若孕妇提前生产，可将不足的天数和产后假合并使用；若孕妇推迟生产，可将超出的天数按病假处理。 | 难产的，增加产假十五天。多胞胎生育的，每多生育一个婴儿，增加产假十五天。 | 以女职工生产前十二个月本人的生育保险缴费工资总额除以三百六十五日后，按不同情形分别计算生育津贴：1. 妊娠满七个月生产或流产的乘以九十日；2. 妊娠满三个月不满七个月生产或流产的乘以四十二日；3. 妊娠不满三个月流产的乘以十四日。 | 男女双方按法定婚龄各推迟三周岁以上初婚的为晚婚，已婚妇女二十四周岁以上生育第一个子女的为晚育。<br>实行晚婚的，除国家规定的婚假外增加婚假二十天；已婚妇女晚育的，除国家规定的产假外增加产假三十天，给予男方护理假十五天。婚假、产假、护理假视为出勤，工资、奖金照发。 | 女职工劳动保护特别规定（国务院令第619号）<br>关于《女职工劳动保护规定》问题解答（劳安字［1989］1号）<br>四川省贯彻实施《女职工劳动保护规定》办法（川劳职发［1997］5号）<br>成都市生育保险办法（成都市人民政府令第126号）<br>四川省人口与计划生育条例（四川省第十届人大常委会公告第34号） |

续表

| 名称 | 普通产假 | 特殊情况 | 流产假 | 晚育奖励 | 文　件 |
|---|---|---|---|---|---|
| 苏州 | 女职工生育享受九十八天产假，其中产前可以休假十五天。<br>所谓产前十五天，系指预产期前十五天的休假。产前假一般不得放到产后使用。若孕妇提前生产，可将不足的天数和产后假合并使用；若孕妇推迟生产，可将超出的天数按病假处理。 | 难产及实施剖宫产手术的，增加半个月的生育津贴；多胞胎生育的，每多生一个婴儿，增加半个月的生育津贴。 | 妊娠三个月（含三个月）以上、七个月以下流产、引产的，享受一个半月的生育津贴。妊娠三个月以内因病理原因流产的，享受一个月的生育津贴。<br>人工流产（包括药物流产术）休息二十至三十天，中期终止妊娠休息四十二天。 | 满二十三周岁依法登记结婚后怀孕生育第一个孩子（包括生育双胞胎和多胞胎）的初产妇，可延长产假三十天，并给予男方护理假十天。 | 女职工劳动保护特别规定（国务院令第619号）<br>关于《女职工劳动保护规定》问题解答（劳安字［1989］1号）<br>苏州市职工生育保险管理办法（苏府［2006］158号）<br>苏州市人口与计划生育办法（苏州市人民政府令第84号） |

续表

| 名称 | 普通产假 | 特殊情况 | 流产假 | 晚育奖励 | 文　件 |
|---|---|---|---|---|---|
| 深圳 | 女职工生育享受九十八天产假，其中产前可以休假十五天。<br>所谓产前十五天，系指预产期前十五天的休假。产前假一般不得放到产后使用。若孕妇提前生产，可将不足的天数和产后假合并使用；若孕妇推迟生产，可将超出的天数按病假处理。 | 难产的，增加产假三十天。多胞胎生育的，每多生育一个婴儿增加产假十五天。 | 怀孕不满三个月人工流产的，自手术之日起准予休假十五日；怀孕三个月以上人工流产的，自手术之日起准予休假四十二日。 | 实行晚婚的在职国家机关工作人员、企事业单位员工（含劳务工，下同），增加婚假十日；实行晚育的，增加产假十五日。产妇在子女出生后三个月内办理《独生子女证》的，除享受国家规定的产假外，增加三十五日产假。产假期间给予男方看护假十天。 | 女职工劳动保护特别规定（国务院令第619号）<br>关于《女职工劳动保护规定》问题解答（劳安字［1989］1号）<br>广东省企业职工假期待遇死亡抚恤待遇暂行规定（粤劳薪［1997］115号）<br>深圳经济特区计划生育管理办法（深圳市人民政府令第26号） |

# 附录二：公积金

| 名称 | 公积金 | 文件 |
|---|---|---|
| 上海 | 2011 年度职工本人和单位住房公积金、补充住房公积金缴存比例与2010 年度相同。即，住房公积金缴存比例仍为各 7%；补充住房公积金缴存比例仍为各 1% ~8%，具体比例由各单位根据实际情况确定。 | 关于2011 年度上海市调整住房公积金缴存基数和月缴存额上下限的通知（沪公积金管委会［2011］3 号） |
| 北京 | 2010 住房公积金年度（2010 年 7 月 1 日到 2011 年 6 月 30 日）住房公积金缴存比例为 12%。 | 关于做好 2011 住房公积金年度跨年清册核定工作的通知（京房公积金发［2011］13 号） |
| 天津 | 单位和职工住房公积金缴存比例为 11% ~15%（2011 年 7 月 1 日到2012 年 6 月 30 日）。 | 关于调整 2011 年住房公积金缴存额的通知（津公积金委［2011］2 号） |
| 广州 | 职工和单位的缴存比例都是 5% ~20%，个人的缴存比例要高于或等于单位的缴存比例。 | 住房公积金管理条例（国务院令第 350 号） |
| 大连 | 首次工作在 1999 年之前的称为老职工，老职工的缴存比例是单位和个人各 10% ~15%，1999 年后工作的称为新职工，单位缴纳 25%，个人缴纳 15%。 | 关于进一步深化城市住房改革加快住房建设的通知（大政发［1999］66 号） |

续表

| 名称 | 公积金 | 文 件 |
| --- | --- | --- |
| 西安 | 单位和职工住房公积金缴存比例最低各不低于5%，原则上不超过12%；有条件的单位缴存比例不超过20%。 | 西安住房公积金管理委员会关于调整2011年度住房公积金缴存基数的通知（西房金管发［2011］2号） |
| 青岛 | 调整住房公积金缴存比例的，应在规定范围内随缴存基数同时调整。单位和职工各自的住房公积金缴存比例不应低于5%，原则上不超过12%。有条件的单位可以适当提高住房公积金缴存比例，但最高不得超过20%。 | 关于做好2011年度住房公积金缴存基数和缴存比例调整工作的通知（青住金发［2011］7号） |
| 成都 | 财政拨款单位、国有企业和国有控股企业缴存比例不得高于12%，其他单位缴存比例超过12%的部分，应按国家税收政策规定纳税；缴存比例下限不得低于6%，缴存比例低于6%的单位，应按照困难企业申请降低缴存比例的条件进行申请，经公积金中心审核，报管委会批准后执行。 | 成都住房公积金管理委员会第二届二次委员会议决议（成公积金委［2008］2号） |
| 苏州 | 职工和单位住房公积金的缴存比例均不得低于职工上一年度月平均工资的5%；有条件的城市，可以适当提高缴存比例。 | 苏州市住房公积金管理办法（苏州市人民政府令第93号） |
| 深圳 | 单位为职工缴纳和职工个人缴纳的住房公积金的缴存比例均不得低于缴存基数的5%，均不得高于缴存基数的20%。 | 深圳市住房公积金管理暂行办法（深府［2010］176号） |

# 附录三：婚丧假

| 名称 | 婚　假 | 文　件 | 丧　假 | 文　件 |
|---|---|---|---|---|
| 上海 | 职工本人结婚可以根据具体情况，由本单位行政领导批准，酌情给予一至三天的婚假。<br>晚婚的公民，除享受国家规定的婚假外，增加晚婚假七天。 | 关于国营企业职工请婚丧假和路程假问题的通知（[80]劳总薪字29号、[80]财企字41号）<br>上海市人口与计划生育条例（上海市人民代表大会常务委员会公告第33号） | 职工本人或职工的直系亲属（父母、配偶和子女）死亡时，可以根据具体情况，由本单位行政领导批准，酌情给予一至三天的丧假。<br>职工的岳父母或公婆死亡后，需要职工料理丧事的，由本单位行政领导批准，可给予一至三天的丧假。 | 关于国营企业职工请婚丧假和路程假问题的通知（[80]劳总薪字29号、[80]财企字41号）<br>上海市劳动局、上海市人事局、上海市财政局关于职工的岳父母或公婆等亲属死亡后可给予请丧假问题的通知（沪劳资发[87]130号） |
| 北京 | 职工本人结婚可以根据具体情况，由本单位行政领导批准，酌情给予一至三天的婚假。<br>机关、社会团体、企业事业组织的职工晚婚的，除享受国家规定的婚假外，增加奖励假七天。 | 国家劳动总局、财政部关于国营企业职工请婚丧假和路程假问题的通知（[80]劳总薪字29号、[80]财企字41号）<br>北京市人口与计划生育条例（北京市人民代表大会常务委员会公告第7号） | 职工本人或职工的直系亲属（父母、配偶和子女）死亡时，可以根据具体情况，由本单位行政领导批准，酌情给予一至三天的丧假。<br>女职工的公婆死亡时和男职工的岳父母死亡时，经本单位领导批准，可酌情给予一至三天的丧假。 | 关于国营企业职工请婚丧假和路程假问题的通知（[80]劳总薪字29号、[80]财企字41号）<br>北京市劳动局关于国营企业职工请丧假范围有关问题的通知（市劳险字[1987]66号） |

续表

| 名称 | 婚 假 | 文 件 | 丧 假 | 文 件 |
|---|---|---|---|---|
| 天津 | 职工本人结婚可以根据具体情况，由本单位行政领导批准，酌情给予一至三天的婚假。<br>国家工作人员和企业事业组织职工晚婚的，婚假增加七日。 | 关于国营企业职工请婚丧假和路程假问题的通知（[80] 劳总薪字 29 号、[80] 财企字 41 号）<br>天津市人口与计划生育条例（天津市人民代表大会常务委员会公告第 3 号） | 职工本人或职工的直系亲属（父母、配偶和子女）死亡时，可以根据具体情况，由本单位行政领导批准，酌情给予一至三天的丧假。<br>机关、事业单位工作人员的直系亲属（父母、配偶和子女）及女职工的公婆、男职工的岳父母死亡时可给予三天的丧假。 | 关于国营企业职工请婚丧假和路程假问题的通知（[80] 劳总薪字 29 号、[80] 财企字 41 号）<br>关于职工请丧假范围有关问题的通知（津劳险字 [1986] 271 号） |
| 广州 | 职工本人结婚，可享受婚假三天，晚婚者（男年满二十五周岁、女年满二十三周岁）增加十天。 | 广东省企业职工假期待遇死亡抚恤待遇暂行规定（粤劳薪 [1997] 115 号） | 职工的直系亲属（父母、配偶、子女）死亡，可给予三天以内的丧假。职工配偶的父母死亡，经单位领导批准，可给予三天以内丧假。 | 广东省企业职工假期待遇死亡抚恤待遇暂行规定（粤劳薪 [1997] 115 号） |

续表

| 名称 | 婚假 | 文件 | 丧假 | 文件 |
|---|---|---|---|---|
| 大连 | 职工本人结婚可以根据具体情况，由本单位行政领导批准，酌情给予一至三天的婚假。<br>职工晚婚的，婚假在法定婚假基础上增加7日，夫妻一方达到晚婚年龄的，一方享受。 | 关于国营企业职工请婚丧假和路程假问题的通知（[80]劳总薪字29号、[80]财企字41号）<br>大连市实施《辽宁省人口与计划生育条例》办法（大连市人民政府令第84号） | 职工本人或职工的直系亲属（父母、配偶和子女）死亡时，可以根据具体情况，由本单位行政领导批准，酌情给予一至三天的丧假。 | 关于国营企业职工请婚丧假和路程假问题的通知（[80]劳总薪字29号、[80]财企字41号） |
| 西安 | 职工本人结婚可以根据具体情况，由本单位行政领导批准，酌情给予一至三天的婚假。<br>职工实行晚婚的，增加婚假二十天。 | 关于国营企业职工请婚丧假和路程假问题的通知（[80]劳总薪字29号、[80]财企字41号）<br>陕西省人口与计划生育条例 | 职工本人或职工的直系亲属（父母、配偶和子女）死亡时，可以根据具体情况，由本单位行政领导批准，酌情给予一至三天的丧假。 | 关于国营企业职工请婚丧假和路程假问题的通知（[80]劳总薪字29号、[80]财企字41号） |
| 青岛 | 职工本人结婚可以根据具体情况，由本单位行政领导批准，酌情给予一至三天的婚假。<br>男女双方晚婚的，除国家规定的婚假外，增加婚假十四日。 | 关于国营企业职工请婚丧假和路程假问题的通知（[80]劳总薪字29号、[80]财企字41号）<br>山东省人口与计划生育条例（山东省人大常委会公告第107号） | 职工本人或职工的直系亲属（父母、配偶和子女）死亡时，可以根据具体情况，由本单位行政领导批准，酌情给予一至三天的丧假。 | 关于国营企业职工请婚丧假和路程假问题的通知（[80]劳总薪字29号、[80]财企字41号） |

续表

| 名称 | 婚　假 | 文　件 | 丧　假 | 文　件 |
| --- | --- | --- | --- | --- |
| 成都 | 职工本人结婚，可以根据情况，由本单位行政领导批准，给予五天的婚假（未含按规定应享受的晚婚假）。<br>实行晚婚的，除国家规定的婚假外，增加婚假二十天。 | 关于企业职工请婚丧假规定的复函（川劳险［1993］95号）<br>四川省人口与计划生育条例（四川省第十届人大常委会公告第34号） | 职工的直系亲属（父母、配偶或子女）死亡时，由本单位行政领导批准，给予五天的丧假。职工的岳父、母或公、婆死亡时，需要其料理丧事的，可参照上述规定执行。 | 关于企业职工请婚丧假规定的复函（川劳险［1993］95号） |
| 苏州 | 职工本人结婚可以根据具体情况，由本单位行政领导批准，酌情给予一至三天的婚假。<br>对晚婚的，延长婚假十天。夫妻双方晚婚的，双方享受；一方晚婚的，一方享受。 | 关于国营企业职工请婚丧假和路程假问题的通知（［80］劳总薪字29号、［80］财企字41号）<br>江苏省人口与计划生育条例（江苏省第十届人民代表大会常务委员会公告第64号） | 职工的直系亲属（父母、配偶和子女）死亡时，可以根据具体情况，由本单位行政领导批准，酌情给予一至三天的丧假。职工的岳父母或公婆死亡后，需要职工料理丧事的，由本单位行政领导批准，可酌情给予一至三天的丧假。丧事在外地料理的，可根据路程的远近，另给予路程假。在批准的丧假和路程假期间，职工的工资照发。往返途中的车船费等，由职工自理。 | 关于国营企业职工请婚丧假和路程假问题的通知（［80］劳总薪字29号、［80］财企字41号）<br>关于职工的岳父母或公婆死亡后可给予请丧假问题的通知（苏劳险［1987］25号、苏财工［87］326号） |

续表

| 名称 | 婚　假 | 文　件 | 丧　假 | 文　件 |
|---|---|---|---|---|
| 深圳 | 职工本人结婚，可享受婚假三天，晚婚者（男年满二十五周岁、女年满二十三周岁），增加十天。 | 广东省企业职工假期待遇死亡抚恤待遇暂行规定（粤劳薪［1997］115号） | 职工的直系亲属（父母、配偶、子女）死亡，可给予三天以内的丧假。职工配偶的父母死亡，经单位领导批准，可给予三天以内丧假。 | 广东省企业职工假期待遇死亡抚恤待遇暂行规定（粤劳薪［1997］115号） |

# 附录四：加班工资计算基数

| 名称 | 加班工资计算基数 | 文　件 |
| --- | --- | --- |
| 上海 | 用人单位与劳动者对月工资有约定的，加班工资基数应按双方约定的正常工作时间的月工资来确定；如双方对月工资没有约定或约定不明的，应按《劳动合同法》第十八条规定来确定正常工作时间的月工资，并以确定的工资数额作为加班工资的计算基数。<br>如按《劳动合同法》第十八条规定仍无法确定正常工作时间工资数额的，对加班工资的基数，可按照劳动者实际获得的月收入扣除非常规性奖金、福利性、风险性等项目后的正常工作时间的月工资确定。<br>如工资系打包支付，或双方形式上约定的“正常工作时间工资”标准明显不合常理，或有证据可以证明用人单位恶意将本应计入正常工作时间工资的项目归入非常规性奖金、福利性、风险性等项目中，以达到减少正常工作时间工资数额计算目的的，可参考实际收入×70%的标准进行适当调整。<br>按上述原则确定的加班工资基数均不得低于本市月最低工资标准。 | 上海市高级人民法院关于劳动争议若干问题的解答（上海市高级人民法院民一庭调研指导［2010］34号） |
| 北京 | 根据本规定第十四条计算加班工资的日或者小时工资基数、根据第十九条支付劳动者休假期间工资，以及根据第二十三条第一款支付劳动者产假、计划生育手术假期间工资，应当按照下列原则确定：（一）按照劳动合同约定的劳动者本人工资标准确定；（二）劳动合同没有约定的，按照集体合同约定的加班工资基数以及休假期间工资标准确定；（三）劳动合同、集体合同均未约定的，按照劳动者本人正常劳动应得的工资确定。依照前款确定的加班工资基数以及各种假期工资不得低于本市规定的最低工资标准。<br>对于加班工资的日或小时工资基数的确定，应参照《北京市工资支付规定》第四十四条的规定执行。用人单位与劳动者在劳动合同中约定了工资标准，但同时又约定以本市最低工资标准或低于劳动合同约定的工资标准作为加班工资基数，劳动者主张以劳动合同约定的工资标准作为加班工资基数的，应予支持。 | 北京市工资支付规定（北京市人民政府第200号令）<br>北京市高级人民法院、北京市劳动争议仲裁委员会关于劳动争议案件法律适用问题研讨会会议纪要（2009年8月17日） |

续表

| 名称 | 加班工资计算基数 | 文　件 |
|---|---|---|
| 天津 | 计算加班工资的基数不得低于劳动者所在岗位应得的工资报酬；若低于本市最低工资标准，则以本市最低工资标准作为基数。国家机关、事业组织、社会团体的加班工资基数以本人基本工资为基数。 | 天津市工资支付规定（津劳局［2003］440号） |
| 广州 | 双方当事人约定加班工资基数的，按照约定处理；劳动合同没有约定加班工资计算基数但约定标准工资的，按劳动合同约定的标准工资作为加班工资计算基数；劳动合同没有约定标准工资但实发工资列明工资构成的，可按实发工资中标准（基本）工资作为加班工资的计算基数，其中不得将加班工资重复算入加班工资计算基数内，且加班工资的计算基数不得低于当地最低工资标准。劳动合同既没有约定标准工资且实发工资中未明确具体工资构成的，如双方当事人对此长期未提出异议，可以参照当地同行业工资收入水平和双方当事人劳动惯例确定加班工资计算基数，但该加班工资计算基数不得低于当地最低工资标准。 | 广州中院关于审理劳动争议案件的参考意见（2009年10月） |
| 大连 | 计算加班工资的日或者小时工资基数和休假期间的工资，应当按照劳动合同中约定的劳动者本人工资标准确定；劳动合同没有约定的，按照集体合同约定的加班工资基数以及休假期间工资标准确定；劳动合同、集体合同均未约定的，按照劳动者本人正常工作应得的工资确定。依照前款规定确定的加班工资基数以及假期工资，不得低于当地最低工资标准。 | 辽宁省工资支付规定（辽宁省人民政府令第196号） |
| 西安 | 本条例所称工资，是指用人单位以货币形式支付给劳动者的劳动报酬。工资不包括用人单位负担的社会保险费用、职工福利费用、职工教育费用、劳动保护费用、职工住房费用、用人单位与劳动者解除劳动关系时支付的一次性补偿费用和法律、法规规定的其他不属于工资的费用。 | 陕西省企业工资支付条例（陕西省人民代表大会常务委员会公告第16号） |

续表

| 名称 | 加班工资计算基数 | 文　件 |
| --- | --- | --- |
| 青岛 | 根据本规定第二十条计算加班工资的工资基数和第二十四条第一款计算劳动者休假工资基数，应当按照劳动者上一月份提供正常劳动所得实际工资扣除该月加班工资后的数额确定。劳动者上一月份没有提供正常劳动的，按照向前顺推至其提供正常劳动月份所得实际工资扣除该月加班工资后的数额确定。 | 山东省企业工资支付规定（山东省人民政府令第188号） |
| 成都 | 用人单位在劳动者完成定额或规定的工作任务后，根据实际需要安排劳动者在法定标准工作时间以外工作的，应按以下标准支付工资：<br>（一）用人单位依法安排劳动者在日法定标准工作时间以外延长工作时间的，按照不低于劳动合同规定的劳动者本人日或小时工资标准的150%支付劳动者工资；<br>（二）用人单位依法安排劳动者在休息日工作，而又不能安排补休的，按照不低于劳动合同规定的劳动者本人日或小时工资标准的200%支付劳动者工资；<br>（三）用人单位依法安排劳动者在法定休假节日工作的，按照不低于劳动合同规定的劳动者本人日或小时工资标准的300%支付劳动者工资。实行计件工资的劳动者，在完成计件定额任务后，由用人单位安排延长工作时间的，应根据上述规定的原则，分别按照不低于其本人法定工作时间计件单价的150%、200%、300%支付其工资。经劳动行政部门批准实行综合计算工时工作制的，其综合计算工作时间超过法走标准工作时间的部分，应视为延长工作时间，并应按本规定支付劳动者延长工作时间的工资。实行不定时工时制度的劳动者，不执行上述规定。 | 工资支付暂行条例（劳部发［1994］489号） |

续表

| 名称 | 加班工资计算基数 | 文　件 |
| --- | --- | --- |
| 苏州 | 本条例第二十条用于计算劳动者加班加点工资的标准，第二十四条、第二十八条、第二十九条、第三十条用于计算劳动者提供正常劳动支付月工资的标准，第二十六条用于计算不予支付月工资的标准应当按照下列原则确定：<br>（一）用人单位与劳动者双方有约定的，从其约定；<br>（二）双方没有约定的，或者双方的约定标准低于集体合同或者本单位工资支付制度标准的，按照集体合同或者本单位工资支付制度执行；<br>（三）前两项无法确定工资标准的，按照劳动者前十二个月平均工资计算，其中劳动者实际工作时间不满十二个月的按照实际月平均工资计算。 | 江苏省工资支付条例（江苏省第十届人民代表大会常务委员会公告第85号） |
| 深圳 | 本条例所称正常工作时间工资，是指员工在正常工作时间内为用人单位提供正常劳动应得的劳动报酬。正常工作时间工资由用人单位和员工按照公平合理、诚实信用的原则在劳动合同中依法约定，约定的正常工作时间工资不得低于市政府公布的最低工资标准。<br>用人单位依照《劳动法》第四十四条的规定应向劳动者支付延长工作时间工资报酬的，劳动者的加班工资计算基数应为正常工作时间工资，用人单位与劳动者约定奖金、津贴、补贴等项目不属于正常工作时间工资的，从其约定。但约定的正常工作时间工资低于当地最低工资标准的除外。双方在劳动合同中约定了计发加班工资基数标准或在工资表中可看出计发加班工资基数标准，而用人单位也确实按照该标准计发了劳动者的加班工资，并据此制作工资表，该工资表亦经劳动者签名确认。在此情况下，只要双方的约定不低于最低工资标准，即可认定双方已约定以该计发加班工资基数标准为加班工资的计算基数。如果用人单位根据此标准计发给劳动者的工资符合法律规定的加班工资计算标准，则认定用人单位已全额支付了加班工资。 | 深圳市员工工资支付条例（深圳市第四届人大常委会公告第118号）<br>深圳市中级人民法院关于审理劳动争议案件若干问题的指导意见（试行）（2009年4月15日） |

# 附录五：劳动合同到期终止是否需要提前一个月通知

| 名称 | 劳动合同到期终止是否需要提前一个月通知 | 文件 |
| --- | --- | --- |
| 上海 | 未强制要求 | 中华人民共和国劳动合同法（主席令第65号） |
| 北京 | 劳动合同期限届满前，用人单位应当提前三十日将终止或者续订劳动合同意向以书面形式通知劳动者，经协商办理终止或者续订劳动合同手续。<br>用人单位违反本规定第四十条规定，终止劳动合同未提前三十日通知劳动者的，以劳动者上月日平均工资为标准，每延迟一日支付劳动者一日工资的赔偿金。 | 北京市劳动合同规定（北京市人民政府令第91号） |
| 天津 | 未强制要求 | 关于劳动合同订立、履行、变更、解除和终止等有关问题的通知（津人社局发［2010］12号） |
| 广州 | 未强制要求 | 中华人民共和国劳动合同法（主席令第65号） |
| 大连 | 未强制要求 | 中华人民共和国劳动合同法（主席令第65号） |
| 西安 | 未强制要求 | 中华人民共和国劳动合同法（主席令第65号） |
| 青岛 | 未强制要求 | 中华人民共和国劳动合同法（主席令第65号） |
| 成都 | 未强制要求 | 中华人民共和国劳动合同法（主席令第65号） |

续表

| 名称 | 劳动合同到期终止是否需要提前一个月通知 | 文 件 |
|---|---|---|
| 苏州 | 劳动合同期限届满前，用人单位应当提前三十日将终止或者续订劳动合同意向以书面形式通知劳动者，到期办理终止或者续订劳动合同手续。<br>劳动合同期满，用人单位未及时与劳动者办理终止或者续订劳动合同手续，劳动者仍在用人单位工作的，视为当事人同意以原劳动合同约定的除合同期限以外的其他条件继续履行劳动合同。劳动者可以随时终止劳动关系，但用人单位提出终止劳动关系的，应当提前三十日书面通知劳动者。 | 江苏省劳动合同条例（江苏省人民代表大会常务委员会公告第27号） |
| 深圳 | 未强制要求 | 中华人民共和国劳动合同法（主席令第65号） |

# 附录六：社平工资

| 名称 | 社平工资 | 文　件 |
| --- | --- | --- |
| 上海 | 根据上海市统计局统计，2011 年本市职工平均工资为 51 968 元，比上年增长 11.1%。按此计算，2011 年本市职工月平均工资为 4 331 元。凡按 2011 年本市职工平均工资计算的事项，均按本通知执行。 | 关于本市 2011 年职工平均工资有关事宜的通知（沪人社综发［2012］21 号） |
| 北京 | 2011 年度全市职工平均工资为 56 061 元，月平均工资为 4 672 元，比上年增长 11.2%。 | 北京市人力资源和社会保障局、北京市统计局关于公布 2011 年度北京市职工平均工资的通知（京人社规发［2012］87 号） |
| 天津 | 2011 年本市职工年平均工资为 42 240 元，增幅为 12.5%，月平均工资为 3 520 元，日平均工资为 161.8 元，小时平均工资为 20.2 元。2011 年企业职工年平均工资为 39 720 元，月平均工资为 3 310 元，计算计划内破产企业职工一次性安置费以此为准。 | 关于公布 2011 年度全市职工平均工资等有关问题的通知（津人社局发［2012］14 号） |
| 广州 | 2010 年广州市城镇单位职工年平均工资为 54 495 元，职工月平均工资为 4 541 元；2010 年广州市城镇单位在岗职工年平均工资为 54 807元，在岗职工月平均工资为 4 567 元。 | 关于做好社会保险费征缴基数调整工作的函（穗人社函［2011］927 号） |

续表

| 名称 | 社平工资 | 文　件 |
|---|---|---|
| 大连 | 2010 年全市在岗职工平均工资为 44 617 元，月平均工资为 3 718 元。2010 年全市职工平均工资为 43 966 元，月平均工资为 3 664 元。 | 关于公布 2010 年全市在岗职工平均工资等有关问题的通知（大人社发［2011］90 号） |
| 西安 | 根据西安市统计局公布的统计数据，2010 年西安市城镇非私营单位在岗职工年平均工资（原“城镇单位在岗职工平均工资”）为 37 870元。 | 关于 2011 年我市医疗失业工伤生育保险缴费基数有关问题的通知（市人社发［2011］229 号） |
| 青岛 | 根据青岛市统计局《2011 年青岛市国民经济和社会发展统计公报》之公布数据，确定我市社会保险政策涉及使用的 2011 年度全市在岗职工平均工资为 32 763 元（月均 2 730 元）。 | 关于使用 2011 年度青岛市在岗职工平均工资和全国城镇居民人均可支配收入有关数据的通知（青人社发［2012］24 号） |
| 成都 | 根据 2010 年劳动统计年报并经省统计局核定，成都市 2010 年全部单位职工平均工资为 30 515 元，比上年增长 11.89%。 | 关于公布 2010 年全部单位职工平均工资的通知（成统计办［2011］26 号） |
| 苏州 | 2011 年 7 月 1 日起，工伤保险待遇中生活护理费、一次性工亡丧葬补助金、一次性伤残就业补助金和一次性工伤医疗补助金的计发基数为 3 797 元/月。 | 关于调整 2011 年度工伤保险定期待遇的通知（苏人保规［2011］20 号） |
| 深圳 | 2011 年本市在岗职工年平均工资为 55 684 元，比上年增长 10.4%。（在岗职工年平均工资为上报数） | 深圳市 2011 年国民经济和社会发展统计公报 |

# 附录七：医疗期

| 名称 | 医疗期 | 文件 |
| --- | --- | --- |
| 上海 | 医疗期按劳动者在本用人单位的工作年限设置。劳动者在本单位工作第一年，医疗期为三个月；以后工作每满一年，医疗期增加一个月，但不超过二十四个月。劳动者经劳动能力鉴定委员会鉴定为完全丧失劳动能力但不符合退休、退职条件的，应当延长医疗期。延长的医疗期由用人单位与劳动者具体约定，但约定延长的医疗期与前条规定的医疗期合计不得低于二十四个月。 | 关于本市劳动者在履行劳动合同期间患病或者非因工负伤的医疗期标准的规定（沪府发［2002］16号） |
| 北京 | (一）实际工作年限十年以下的，在本单位工作年限五年以下的为三个月；五年以上的为六个月。(二）实际工作年限十年以上的，在本单位工作年限五年以下的为六个月；五年以上十年以下的为九个月；十年以上十五年以下的为十二个月；十五年以上二十年以下的为十八个月；二十年以上的为二十四个月。 | 《企业职工患病或非因工负伤医疗期规定》的通知（劳部发［1994］479号） |
| 天津 | (一）实际工作年限十年以下的，在本单位工作年限五年以下的为三个月；五年以上的为六个月。(二）实际工作年限十年以上的，在本单位工作年限五年以下的为六个月；五年以上十年以下的为九个月；十年以上十五年以下的为十二个月；十五年以上二十年以下的为十八个月；二十年以上的为二十四个月。 | 《企业职工患病或非因工负伤医疗期规定》的通知（劳部发［1994］479号） |

续表

| 名称 | 医疗期 | 文　件 |
| --- | --- | --- |
| 广州 | 职工患病或非因工负伤确需停工治疗时，单位应根据本人实际工作年限和单位工作年限给予三个月至三十六个月的医疗期。具体规定如下：1. 实际工作年限十年以下（含十年）的，在本单位工作年限五年以下（含五年）的为三个月；五年以上的为六个月。2. 实际工作年限十年以上的，在本单位工作年限五年以下（含五年）的为六个月；五年以上十年以下（含十年）的为九个月；十年以上十五年以下（含十五年）的为十二个月；十五年以上二十年以下（含二十年）的为十八个月；二十年以上三十年以下（含三十年）的为二十四个月；三十年以上的为三十六个月。 | 广州市职工患病或非因工负伤医疗期管理实施办法（穗劳福字［1998］5号） |
| 大连 | （一）实际工作年限十年以下的，在本单位工作年限五年以下的为三个月；五年以上的为六个月。（二）实际工作年限十年以上的，在本单位工作年限五年以下的为六个月；五年以上十年以下的为九个月；十年以上十五年以下的为十二个月；十五年以上二十年以下的为十八个月；二十年以上的为二十四个月。 | 《企业职工患病或非因工负伤医疗期规定》的通知（劳部发［1994］479号） |
| 西安 | （一）实际工作年限十年以下的，在本单位工作年限五年以下的为三个月；五年以上的为六个月。（二）实际工作年限十年以上的，在本单位工作年限五年以下的为六个月；五年以上十年以下的为九个月；十年以上十五年以下的为十二个月；十五年以上二十年以下的为十八个月；二十年以上的为二十四个月。 | 《企业职工患病或非因工负伤医疗期规定》的通知（劳部发［1994］479号） |

续表

| 名称 | 医疗期 | 文　件 |
|---|---|---|
| 青岛 | （一）实际工作年限十年以下的，在本单位工作年限五年以下的为三个月；五年以上的为六个月。（二）实际工作年限十年以上的，在本单位工作年限五年以下的为六个月；五年以上十年以下的为九个月；十年以上十五年以下的为十二个月；十五年以上二十年以下的为十八个月；二十年以上的为二十四个月。 | 《企业职工患病或非因工负伤医疗期规定》的通知（劳部发［1994］479号） |
| 成都 | （一）实际工作年限十年以下的，在本单位工作年限五年以下的为三个月；五年以上的为六个月。（二）实际工作年限十年以上的，在本单位工作年限五年以下的为六个月；五年以上十年以下的为九个月；十年以上十五年以下的为十二个月；十五年以上二十年以下的为十八个月；二十年以上的为二十四个月。 | 《企业职工患病或非因工负伤医疗期规定》的通知（劳部发［1994］479号） |
| 苏州 | （一）实际工作年限十年以下的，在本单位工作年限五年以下的为三个月；五年以上的为六个月。（二）实际工作年限十年以上的，在本单位工作年限五年以下的为六个月；五年以上十年以下的为九个月；十年以上十五年以下的为十二个月；十五年以上二十年以下的为十八个月；二十年以上的为二十四个月。 | 《企业职工患病或非因工负伤医疗期规定》的通知（劳部发［1994］479号） |
| 深圳 | （一）实际工作年限十年以下的，在本单位工作年限五年以下的为三个月；五年以上的为六个月。（二）实际工作年限十年以上的，在本单位工作年限五年以下的为六个月；五年以上十年以下的为九个月；十年以上十五年以下的为十二个月；十五年以上二十年以下的为十八个月；二十年以上的为二十四个月。 | 《企业职工患病或非因工负伤医疗期规定》的通知（劳部发［1994］479号） |

# 附录八：医疗期待遇

| 名称 | 医疗期待遇 | 文　件 |
| --- | --- | --- |
| 上海 | 职工疾病或非因工负伤连续休假在6个月以内的，企业应按下列标准支付疾病休假工资：连续工龄不满2年的，按本人工资的60%计发；连续工龄满2年不满4年的，按本人工资的70%计发；连续工龄满4年不满6年的，按本人工资的80%计发；连续工龄满6年不满8年的，按本人工资的90%计发；连续工龄满8年及以上的，按本人工资的100%计发。<br>职工疾病或非因工负伤连续休假超过6个月的，由企业支付疾病救济费，其中连续工龄不满1年的，按本人工资的40%计发；连续工龄满1年不满3年的，按本人工资的50%计发；连续工龄满3年及以上的，按本人工资的60%计发。<br>本人工资按职工正常情况下实得工资的70%计算。 | 上海市劳动局《关于加强企业职工疾病休假管理保障职工疾病休假期间生活的通知》（沪劳保发［95］83号） |
| 北京 | 劳动者患病或者非因工负伤的，在病休期间，用人单位应当根据劳动合同或集体合同的约定支付病假工资。用人单位支付病假工资不得低于本市最低工资标准的80%。 | 北京市工资支付办法（北京市人民政府令第142号） |
| 天津 | 劳动者患病或非因工负伤治疗期间，在规定的医疗期内用人单位应按有关规定支付其病假工资，用人单位支付劳动者病假工资不得低于本市最低工资标准的80%。 | 天津市工资支付规定（津劳局［2003］440号） |

续表

| 名称 | 医疗期待遇 | 文　件 |
| --- | --- | --- |
| 广州 | 劳动者因病或者非因工负伤停止工作进行治疗，在国家规定医疗期内，用人单位应当依照劳动合同、集体合同的约定或者国家有关规定支付病伤假期工资。用人单位支付的病伤假期工资不得低于当地最低工资标准的80%。法律、法规另有规定的，从其规定。 | 广东省工资支付条例（广东省第十届人民代表大会常务委员会公告第41号） |
| 大连 | 劳动者患病或者非因工负伤停止劳动的，在规定的医疗期内，用人单位应当根据劳动合同或者集体合同的约定支付病假工资，但不得低于当地最低工资标准的80%。 | 辽宁省工资支付办法（辽宁省人民政府令第196号） |
| 西安 | 职工患病或非因工负伤治疗期间，在规定的医疗期内由企业按有关规定支付其病假工资或疾病救济费，病假工资或疾病救济费可以低于当地最低工资标准支付，但不能低于最低工资标准的80%。 | 关于贯彻执行《中华人民共和国劳动法》若干问题的意见（劳部发［1995］309号） |
| 青岛 | （一）在规定的医疗期内，停工医疗累计不超过6个月的，由用人单位发给本人工资70%的病假工资；（二）在规定的医疗期内，停工医疗累计超过6个月的，发给本人工资60%的疾病救济费；（三）超过医疗期，用人单位未按规定组织劳动能力鉴定的，按不低于当地最低工资标准的80%支付疾病救济费。病假工资和疾病救济费最低不得低于当地最低工资标准的80%，最高不超过企业上年度职工月平均工资。 | 青岛市企业工资支付规定（青岛市人民政府令第161号） |

续表

| 名称 | 医疗期待遇 | 文　件 |
| --- | --- | --- |
| 成都 | 职工患病或非因工负伤治疗期间，在规定的医疗期间内由企业按有关规定支付其病假工资或疾病救济费，病假工资或疾病救济费可以低于当地最低工资标准支付，但不能低于最低工资标准的80%。 | 关于贯彻执行《中华人民共和国劳动法》若干问题的意见（劳部发［1995］309号） |
| 苏州 | 劳动者患病或者非因工负伤停止劳动，且在国家规定医疗期内的，用人单位应当按照工资分配制度的规定以及劳动合同、集体合同的约定或者国家有关规定，向劳动者支付病假工资或者疾病救济费。病假工资、疾病救济费不得低于当地最低工资标准的80%。 | 江苏省工资支付条例（江苏省第十届人民代表大会常务委员会公告第85号） |
| 深圳 | 员工患病或者非因工负伤停止工作进行医疗，在国家规定的医疗期内的，用人单位应当按照不低于本人正常工作时间工资的60%支付员工病伤假期工资，但不得低于最低工资标准的80%。 | 深圳市员工工资支付条例（深圳市第四届人大常委会公告第118号） |

## 附录九：中夜班津贴

| 名称 | 中夜班津贴 | 文　件 |
| --- | --- | --- |
| 上海 | 一、从事中班工作到二十二点以后下班的，中班津贴标准调整为二元二角。从事夜班工作到二十四点以后下班的，夜班津贴标准调整为三元四角。从事夜间连续工作十二小时的，夜间津贴标准调整为四元四角。二、五点前上班的早班职工的早餐补助费，调整为八角。三、常日班在夜间值班的夜餐费，值班到二十二点以后，可发给二元二角。通宵值班不睡觉的，可发给三元四角。四、事业单位津贴提高部分所需的资金，仍由原渠道列支。 | 关于调整中、夜班等津贴标准的通知（沪劳综发（95）7 号） |
| 北京 | 地方无相关规定 | 地方无相关规定 |
| 天津 | 中班津贴八元/班，夜班津贴十六元/班。 | 关于公布 2011 年度全市职工平均工资等有关问题的通知（附表：2012 年度各项相关待遇简表）（津人社局发［2012］14 号） |
| 广州 | 地方无相关规定 | 地方无相关规定 |
| 大连 | 地方无相关规定 | 地方无相关规定 |

续表

| 名称 | 中夜班津贴 | 文　件 |
|---|---|---|
| 西安 | 一、凡因生产工作需要，在二十时至次日八时，连续工作四小时以上的职工，可领取夜班津贴。二、夜班津贴标准：在二十四时以前上班的每人每班八至十二元，零时以后上班的每人每班十二至十六元。其中：纺织、煤炭行业在二十四时以前上班的每人每班十至十二元，零时以后上班的每人每班十四至十六元。 | 关于提高企业职工夜班津贴标准的通知（陕人社发［2010］245号） |
| 青岛 | 实行三班制生产的企业，从事大夜班生产的工人和必须跟班生产的干部，夜班津贴标准为每天十元；从事中班生产的工人和必须跟班生产的干部，标准为七元。实行两班制生产的企业，工人和必须跟班生产的干部，享受中班津贴的，其标准为七元。企业所属的事业单位实行三班制，两班制工作的，可以比照上述标准执行。 | 关于调整企业生产工人夜班津贴标准的通知（鲁劳发［1997］360号） |
| 成都 | 地方无相关规定 | 地方无相关规定 |
| 苏州 | 三班制的中班津贴为五元，大夜班津贴为六元；两班制的夜班津贴为五元；常日班职工因生产（工作）需要，生产（工作）超过二十三点的发夜班津贴五元。在夜间（晚八时至次日晨七时之间）工作不足三小时的不发夜班津贴。 | 关于调整中、夜班津贴标准的通知（苏劳薪［1995］23号、苏财工［1995］112号） |
| 深圳 | 地方无相关规定 | 地方无相关规定 |

## 附录十：最低工资

| 名称 | 最低工资 | 文件 |
|---|---|---|
| 上海 | 经市政府同意，从2012年4月1日起，本市调整最低工资标准。现就有关问题通知如下：一、月最低工资标准从1 280元调整为1 450元。下列项目不作为月最低工资的组成部分，单位应按规定另行支付：（一）延长法定工作时间的工资。（二）中班、夜班、高温、低温、井下、有毒有害等特殊工作环境、条件下的津贴。（三）个人依法缴纳的社会保险费和住房公积金。（四）伙食补贴（饭贴）、上下班交通费补贴、住房补贴。二、小时最低工资标准从11元调整为12.5元。小时最低工资不包括个人和单位依法缴纳的社会保险费，相关社会保险费由单位按规定另行支付。三、月最低工资标准适用于全日制就业劳动者，小时最低工资标准适用于非全日制就业劳动者。 | 关于调整本市最低工资标准的通知（沪人社综发［2012］18号） |
| 北京 | 一、我市最低工资标准由每小时不低于6.7元、每月不低于1 160元，提高到每小时不低于7.2元、每月不低于1 260元。下列项目不作为最低工资标准的组成部分，用人单位应按规定另行支付：（一）劳动者在中班、夜班、高温、低温、井下、有毒有害等特殊工作环境、条件下的津贴；（二）劳动者应得的加班、加点工资；（三）劳动者个人应缴纳的各项社会保险费和住房公积金；（四）根据国家和本市规定不计入最低工资标准的其他收入。二、非全日制从业人员小时最低工资标准由13元/小时提高到14元/小时；非全日制从业人员法定节假日小时最低工资标准由30元/小时提高到33元/小时。以上标准包括用人单位及劳动者本人应缴纳的养老、医疗、失业保险费。三、实行计件工资形式的企业，要通过平等协商合理确定劳动定额和计件单价，保证劳动者在法定工作时间内提供正常劳动的前提下，应得工资不低于我市最低工资标准。四、生产经营正常、经济效益持续增长的企业，原则上应高于最低工资标准支付 | 关于调整北京市2012年最低工资标准的通知（京人社劳发［2011］375号） |

续表

| 名称 | 最低工资 | 文　件 |
| --- | --- | --- |
| 北京 | 劳动者在法定工作时间内提供劳动的工资；因生产经营困难确需以最低工资标准支付全体劳动者或部分岗位劳动者工资的，应当通过工资集体协商确定或经职工代表大会（或职工大会）讨论通过。五、在劳动合同中约定的劳动者在未完成劳动定额或承包任务的情况下，用人单位可低于最低工资标准支付劳动者工资的条款不具有法律效力。六、上述各项标准适用于本市各类企、事业等用人单位。七、本通知自2012年1月1日起执行。 | 关于调整北京市2012年最低工资标准的通知（京人社劳发［2011］375号） |
| 天津 | 一、天津市最低工资标准由每月1 160元、每小时6.7元，调整为每月1 310元、每小时7.5元。二、非全日制用工劳动者最低小时工资标准由每人每小时11.6元调整为每人每小时13.1元。三、本通知自2012年4月1日起施行。 | 关于调整天津市最低工资标准的通知（津人社局发［2012］20号） |
| 广州 | 根据省人民政府《关于调整我省企业职工最低工资标准的通知》（粤府函［2011］15号），经市政府同意，我市企业职工最低工资标准和非全日制职工小时最低工资标准从2011年3月1日起进行调整，现就有关事项通知如下，请遵照执行。一、本市（花都区、番禺区、南沙区、从化市、增城市除外）企业职工最低工资标准调整为1 300元/月，小时最低工资标准调整为7.47元/小时；非全日制职工小时最低工资标准调整为12.5元/小时。二、花都区、番禺区、南沙区、从化市、增城市企业职工最低工资标准调整为1 100元/月，小时最低工资标准调整为6.32元/小时；非全日制职工小时最低工资标准调整为10.5元/小时。三、生产经营正常、经济效益持续增长的用人单位，原则上不得以最低工资标准支付劳动者在法定工作时间内提供正常劳动的工资；因生产经营困难确须以最低工资标准支付全体劳动者或部分岗位劳动者正常工作时间工资的用人单位，应当经工会或职工代表大会（或全体职工大会）讨论同意。四、本市（花都区、番禺区、南沙区、从化市、增城市除外）企业离岗退养人员离岗退养费、待岗人员待岗生活费最低保障线调整为1 040元/月。 | 关于调整我市企业职工最低工资标准的通知（穗人社发［2011］17号） |

续表

| 名称 | 最低工资 | 文 件 |
| --- | --- | --- |
| 大连 | 根据《辽宁省最低工资标准规定》（辽宁省政府令第177号），市政府决定从2011年4月1日起对我市最低工资标准作如下调整：一、月最低工资标准：1. 中山区、西岗区、沙河口区、甘井子区、旅顺口区、长海县和各先导区由每人每月900元调整到1 100元；2. 瓦房店市、普兰店市、庄河市由每人每月800元调整到1 000元。二、小时最低工资标准：1. 中山区、西岗区、沙河口区、甘井子区、旅顺口区、长海县和各先导区由9元调整为11元；2. 瓦房店市、普兰店市、庄河市由8元调整为10元。 | 大连市人民政府办公厅关于调整最低工资标准的通知（大政办发［2011］34号） |
| 西安 | 根据陕西省人力资源和社会保障厅《关于调整陕西省最低工资标准的通知》（陕人社发［2011］177号）的规定，从2012年1月1日起，对我市最低工资标准调整提高，现就有关问题通知如下：调整后的最低工资标准为：新城区、碑林区、莲湖区、未央区、雁塔区、灞桥区、阎良区执行一类工资区最低工资标准：全日制最低工资标准为1 000元/月，非全日制小时最低工资标准为10.0元/小时；长安区、临潼区、高陵县执行二类工资区最低工资标准：全日制最低工资标准为910元/月，非全日制小时最低工资标准为9.1元/小时；周至县、户县执行三类工资区最低工资标准：全日制最低工资标准为850元/月，非全日制小时最低工资标准为8.5元/小时；蓝田县执行四类工资区最低工资标准：全日制最低工资标准为790元/月，非全日制小时最低工资标准为7.9元/小时。 | 关于调整我市最低工资标准的通知（市人社发［2011］494号） |

续表

| 名称 | 最低工资 | 文　件 |
| --- | --- | --- |
| 青岛 | 一、调整后的全省月最低工资标准分为3类：1 240元、1 100元、950元；小时最低工资标准分为13元、11元、10元（各市最低工资标准见附件）。二、月最低工资标准适用于全日制就业劳动者；小时最低工资标准适用于非全日制就业劳动者。三、调整后的最低工资标准从2012年3月1日起执行，鲁政字［2011］33号文件同时废止。<br>（从2012年3月1日起，青岛市七区最低工资由920元调整至1 100元，五市最低工资由760元调整至950元。同时，非全日制用工小时最低工资标准，七区由9.6元调整为11.5元，五市由7.8元调整为9.8元。） | 山东省人民政府关于公布全省最低工资标准的通知（鲁政字［2012］33号） |
| 成都 | 一、月最低工资标准：（一）每月850元（每日39.1元）；（二）每月780元（每日35.9元）。二、非全日制用工小时最低工资标准：（一）每小时8.9元；（二）每小时8.2元。三、各区（市）县辖区内具体适用的月最低工资标准和非全日制用工小时最低工资标准：（一）锦江区、青羊区、金牛区、武侯区、成华区、成都高新区、龙泉驿区、青白江区、新都区、温江区、都江堰市、双流县、郫县月最低工资标准为每月850元（每日39.1元），非全日制用工小时最低工资标准为每小时8.9元；（二）彭州市、邛崃市、崇州市、金堂县、大邑县、蒲江县、新津县月最低工资标准为每月780元（每日35.9元），非全日制用工小时最低工资标准为每小时8.2元。此标准包含个人应缴纳的社会保险费和住房公积金。用人单位有执行最低工资保障规定的义务，劳动者在法定工作时间内提供了正常劳动应得的最低工资不得低于市政府颁布的最低工资标准。上述标准从2010年8月1日起执行。 | 成都市人民政府关于调整全市最低工资标准的通知（成府发［2012］2号） |

续表

| 名称 | 最低工资 | 文　件 |
| --- | --- | --- |
| 苏州 | 根据省人力资源和社会保障厅《关于调整全省最低工资标准的通知》（苏人社发［2012］220号）的精神，经市政府研究并报省政府同意，从2012年6月1日起调整苏州市最低工资标准。现通知如下：<br>一、调整最低工资标准：<br>1. 调整月最低工资标准。苏州市区、常熟市、张家港市、昆山市、吴江市、太仓市月最低工资标准，由原1 140元/月调整为1 370元/月。<br>2. 调整小时最低工资标准。苏州市区、常熟市、张家港市、昆山市、吴江市、太仓市均执行江苏省一类地区小时最低工资标准，由原9.2元/小时调整为11.5元/小时。<br>二、最低工资标准不包括下列各项：<br>1. 加班加点的工资；<br>2. 中班、夜班、高温、低温、井下、有毒有害等特殊工作环境、条件下的津贴；<br>3. 法律、法规和国家规定的劳动者福利待遇等。<br>三、劳动者所得月工资在剔除上述项目和个人按下限缴存住房公积金后，低于最低工资标准的，用人单位应当按照月最低工资标准支付。 | 关于调整苏州市最低工资标准的通知（苏人保规［2012］10号） |
| 深圳 | 经市政府同意，自2012年2月1日起，我市最低工资标准调整如下：一、全日制就业劳动者最低工资标准：1 500元/月。二、非全日制就业劳动者小时最低工资标准：13.3元/小时。 | 关于调整我市最低工资标准的通知（深人社规［2011］19号） |